Die Welle

In Einfacher Sprache

Spaß am Lesen Verlag
www.einfachebuecher.de

Diese Ausgabe ist eine Bearbeitung des Buches
von Morton Rhue *Die Welle*.
Deutsche Erstausgabe 1984.

Die Originalausgabe erschien 1981 bei Delacorte Press, New York,
unter dem Titel *The Wave*.

Text Originalfassung: Morton Rhue
Text in Einfacher Sprache: Eva Dix
Redaktion und Gestaltung: Spaß am Lesen Verlag

4. Auflage: 2022

ISBN 978-3-944668-78-9

Morton Rhue

Die Welle

In Einfacher Sprache

Schwierige Wörter oder Ausdrücke sind unterstrichen. Die Erklärungen stehen in der Wörter-Liste am Ende des Buches.

Inhalt

Vorwort

Dieses Buch handelt von einem Experiment.
Das Experiment hat wirklich so stattgefunden.
Nicht alles ist genau so passiert.
Manche Personen und Ereignisse sind erfunden.
Aber so ähnlich hat sich das alles ereignet.

Es war im Jahr 1967: An einer amerikanischen
High-School beginnt ein junger Lehrer
ein ungewöhnliches Experiment.
Er gründet mit seinen Schülern eine Gruppe:
die „Welle".

Er will den Schülern damit etwas zeigen:
Was hat die Menschen in Nazi-Deutschland bewegt?
Wieso haben sie die Verbrechen mitgemacht?
Wieso haben sich die Menschen nicht geweigert?
Warum gab es so viele Mitläufer?

Die Schüler sollen verstehen,
wie solche Bewegungen die Menschen verführen.
Doch aus dem Spiel wird Ernst:
Das Experiment „Die Welle" gerät außer Kontrolle.

Noch heute ist dieses Experiment berühmt.
Und es ist immer noch aktuell.
Es zeigt, wie leicht wir uns verführen lassen.

Denn wir alle wollen dazugehören.
Wir alle wollen Teil einer Gemeinschaft sein.
Dafür sind wir sogar bereit, unsere Freiheit
und unser eigenes Denken aufzugeben.
Das macht die Menschen so anfällig
für Bewegungen wie den Faschismus.
Damals wie heute.

Der Film

In der zehnten Klasse der Gordon High-School
ist es ganz still. Ein Film läuft.
Schwarz-weiße Bilder flimmern über die Leinwand.

Es ist ein Film über die Konzentrations-Lager
der Nazis. Ben Ross hat ihn mitgebracht,
der Geschichts-Lehrer.
Thema im Unterricht ist der Zweite Welt-Krieg.
Die Schüler sollen begreifen, was damals geschehen
ist. Deshalb zeigt Ben heute diesen Film.

Es sind schreckliche Bilder.

Menschen, die aussehen wie Skelette.
Sie sind fast verhungert, nur noch Haut und
Knochen. Die Augen sind groß und ausdruckslos.
Es sind Gefangene im Konzentrations-Lager.

Männer in Uniform bewachen die Gefangenen.
Man sieht lange Reihen von Baracken.
Weiter hinten Gebäude, aus denen Rauch aufsteigt.

Ein Ort ohne Hoffnung.

Ben sieht in die Gesichter seiner Schüler.
Die meisten sind entsetzt.

Während der Film weiterläuft, erklärt Ben: „Was ihr da seht, ist in Deutschland passiert. Und zwar in den Jahren 1933 bis 1945. Damals regierte in Deutschland Adolf Hitler. Hitler glaubte fest an die Überlegenheit der Deutschen. Er hielt sie für eine besondere Menschen-Rasse, besser als andere. Deutschland sollte die ganze Welt beherrschen. Das war Hitlers Ziel. Seine Partei hieß ‚National-Sozialistische Deutsche Arbeiterpartei'. Oder kurz: NSDAP. Ihr kennt sie unter dem Namen ‚Nazis'."

Ben macht eine kurze Pause. Im Film sieht man Häftlinge die toten Körper ihrer Mitgefangenen übereinanderstapeln. SS-Männer beaufsichtigen sie dabei.

„Die meisten Gefangenen auf diesen Bildern sind Juden", sagt Ben. „Für Hitler waren die Juden Feinde des deutschen Volkes. Er machte sie für alles Schlechte verantwortlich. Er ließ riesige Lager bauen, in denen man die Juden einsperrte. Auch Hitlers politische Gegner kamen in die Lager. Und noch viel mehr Menschen. Zum Beispiel Sinti und Roma. Homosexuelle.

Menschen mit Behinderung.
In den Lagern mussten sie alle sehr hart arbeiten.
Es gab wenig zu essen, Schläge und auch Folter.
Wer nicht mehr arbeiten konnte,
wurde getötet."

Auf der Leinwand sind jetzt die Gebäude
mit den Verbrennungs-Öfen zu sehen.

„Seht ihr die Gebäude im Hintergrund?",
fragt Ben. „Dort waren die Gas-Kammern.
Dort töteten die Nazis die Menschen mit Gas.
Die toten Körper wurden verbrannt.
Viele überlebten im Lager nicht einmal
eine Woche."

Der junge Lehrer kämpft gegen Übelkeit.
Wie war es nur möglich, dass Menschen
so etwas taten? Es war einfach unvorstellbar.

„Hitler wollte ursprünglich Kunstmaler werden",
erklärt er den Jugendlichen.
„Nach dem Ersten Welt-Krieg ging er in die Politik.
Es war eine schwierige Zeit für Deutschland.
Die Deutschen hatten den Krieg verloren.
Die Sieger-Mächte verlangten von Deutschland
hohe Zahlungen.
Der deutsche Kaiser war zurückgetreten.

Die neue Demokratie war noch schwach.
Ständig gab es neue Wahlen.
Viele Menschen hungerten, es gab keine Arbeit.
Hitler versprach ihnen ein besseres Leben
und hatte damit Erfolg.
1933 kam seine Partei an die Macht.
Unter Hitler begann für die Juden in Deutschland
und Europa eine schreckliche Zeit.
Über zehn Millionen Männer, Frauen und Kinder
starben in den Konzentrations-Lagern."

Wenige Minuten noch, dann ist der Film zu Ende. Ben atmet auf. Er ist froh, diese schrecklichen Bilder nicht länger sehen zu müssen. Er schaltet das Licht ein und schaut sich in der Klasse um.

Ernste, bedrückte Gesichter.
Amy Smith und Laurie Sanders haben Tränen
in den Augen.

Nur Robert Billings hat den Kopf auf die Arme gelegt und schläft.

Warum

Nach einer kurzen Pause wendet sich Ben
an die Jugendlichen.
„Es wundert mich nicht, dass der Film euch
schockiert hat“, sagt er.
„Habt ihr Fragen zu dem, was ich euch erzählt habe?“

Amy Smith meldet sich sofort.
„Waren alle Deutschen Nazis?“, fragt sie.

Ben schüttelt den Kopf. „Das wohl nicht.
Viele Menschen fanden Hitler gut.
Bei den letzten Wahlen zum Parlament bekam die
NSDAP immerhin 44 Prozent der Stimmen.
Doch die Mehrheit hat Hitler damals eben
nicht gewählt.“

„Warum hat dann niemand die Nazis aufgehalten?“

„Gute Frage“, sagt Ben.
„Ich denke, viele Leute hatten Angst.
Die Nazis waren sehr gut organisiert.
Sie waren bewaffnet und rücksichtslos.
Und sie gingen mit Gewalt gegen ihre Gegner vor.
Zu Anfang traten sie als Schläger-Trupps auf.
Als die Partei an der Macht war, wurden viele
Menschen verhaftet.

Dafür musste man nichts Schlimmes angestellt haben. Es genügte, eine andere Meinung zu haben und diese offen auszusprechen.
Deutschland erlebte damals eine schwierige Zeit.
Die Leute waren ängstlich und verunsichert.
Viele hofften, dass es mit Hitler wieder aufwärts gehen würde.
Hitler führte Arbeits-Dienste ein.
Dadurch hatten die Menschen wieder Geld und litten weniger Not.
Es gab Freizeit-Organisationen,
Wohnbau-Programme und mehr.
Immer mehr wurde vom Staat und von Hitlers Partei geregelt. Die Menschen mussten sich um nichts kümmern.
Wer sich an die neuen Regeln hielt, dem ging es gut.
Für Kinder und Jugendliche gab es eigene Organisationen wie die Hitler-Jugend.
So wuchsen die Kinder und Jugendlichen von klein auf mit den Ideen von Hitler und der Partei auf.
Nach dem Ende von der Nazi-Herrschaft haben viele Deutschen gesagt:
Von den Verbrechen der Nazis haben wir nichts gewusst."

Das können die Schüler nicht glauben.
Millionen von Menschen sterben in Lagern.
Und dann will niemand davon gewusst haben?

„Ach, so ein Quatsch!", ruft Eric wütend.
„Das ist doch gelogen!"

„Haben die Leute das wirklich behauptet?"
Laurie schüttelt ungläubig den Kopf.
„Sie müssen doch gemerkt haben, was für
schreckliche Dinge in ihrem Land geschehen.
Wie können sie sagen, dass sie nichts wussten!"

Ben nickt. „Ja, das kann man sich wirklich kaum
vorstellen", sagt er.
„Nach dem Krieg haben auch viele Nazis gesagt:
Wir haben nur Befehle ausgeführt.
Wenn wir nicht mitgemacht hätten,
hätte man uns selber eingesperrt und getötet."

„Aber das sind doch Ausreden!",
ruft Brad ärgerlich dazwischen.
„Ich verstehe nicht, dass die Leute sich nicht
gewehrt haben.
Man hätte die Nazis doch aufhalten können.
Ich hätte da nicht mitgemacht!"

„Bei uns in Amerika wäre so etwas nicht passiert",
sagt Brian überzeugt. „Ganz bestimmt nicht."

Immer noch melden sich Schüler zu Wort.
Da ertönt die Glocke zum Ende des Unterrichts.

„Wir sprechen in der nächsten Stunde weiter darüber“, sagt Ben Ross.
Nachdenklich sieht er zu, wie die Jugendlichen ihre Sachen zusammenpacken und hinausgehen.

Er ist unzufrieden mit der Stunde.
Er hätte die Fragen der Mädchen und Jungen gern ausführlicher beantwortet.
Er hätte ihnen gern besser erklärt,
was Menschen dazu bringt,
bei so etwas mitzumachen.
Und warum die Menschen nicht fragen,
ob das alles in Ordnung ist.
Wieso die eigene Sicherheit bei so vielen mehr zählt als die Mitmenschen.

Das Experiment

Ben sitzt über seinen Büchern.
Die letzte Geschichts-Stunde beschäftigt ihn immer noch.
Inzwischen hat er viel Zeit mit Lesen verbracht.
Überall auf dem Schreibtisch liegen Notizen herum.

Der junge Lehrer stützt den Kopf in die Hände.
Wie kann er den Schülern die Nazi-Zeit in Deutschland verständlich machen?
Er möchte seinen Schülern gern so vieles erklären:
Warum die Menschen den Versprechen von Hitler gerne glauben wollten.
Warum es ihnen so gefallen hat, als Herren-Rasse zu gelten.
Warum Menschen dann lieber nicht darüber nachdenken, ob das alles gut und richtig ist.
Sondern die Augen verschließen vor dem Unrecht.

„Aber vielleicht kann man das nicht mit Worten erklären", denkt er.
„Vielleicht muss man selbst dabei gewesen sein.
Oder ..."
Plötzlich kommt ihm eine Idee.
Vielleicht kann er im Unterricht eine ähnliche Situation schaffen?
Die Schüler so eine Bewegung erleben lassen?

Und sie spüren lassen wie es ist,
wenn einem alles von jemand anderem
vorgegeben wird?

Der Gedanke lässt ihn nicht mehr los.
Ben Ross nimmt seinen Beruf sehr ernst.
Er ist ein guter Lehrer.
Er gibt sich viel Mühe mit dem Unterricht.
Er möchte, dass seine Schüler wirklich begreifen,
was er ihnen beibringt.
Und nicht nur auswendig lernen für gute Noten.

„Vielleicht kann ich ein oder zwei
Unterrichts-Stunden für ein Experiment
verwenden", überlegt er.
„Die Schüler sollen selbst spüren,
wie die Leute die Nazi-Zeit erlebt haben.
Das wäre hilfreicher als alles Wissen aus Büchern."
Was man selbst ausprobiert,
das versteht man am besten.
Davon ist Ben überzeugt.

Spät am Abend kommt Bens Frau Christy
nach Hause.
Christy unterrichtet an derselben Schule wie Ben.
Sie ist Lehrerin für Musik.
Heute war sie noch mit Freunden aus.
Jetzt kommt sie zu Ben, um ihn zu begrüßen.

Sie gibt Ben einen Kuss und sieht sich die Bücher an.
„Aufstieg und Fall des Dritten Reiches?
Die Hitler-Jugend?“ Erstaunt nimmt sie einige
Bücher vom Tisch.
„Was hast du denn vor?
Willst du eine wissenschaftliche Arbeit
über die Nazi-Zeit schreiben?“

Ben sieht etwas verlegen hoch.
„Die Schüler hatten heute eine Menge Fragen,
die ich nicht beantworten konnte.“

„So etwas kommt vor“, lacht Christy.
„Dann mach dich mal weiter an die Arbeit.
Aber komm nicht zu spät ins Bett!“
Sie streicht ihm übers Haar und geht schlafen.

Ein ganz normaler Morgen

Am Dienstag gibt Ben in der ersten Stunde Geschichte. Er ist diesmal schon ganz früh im Klassen-Zimmer. Wie immer kommen die Schülerinnen und Schüler mehr oder weniger pünktlich zum Unterricht. Ben sieht zu, wie sie hereinkommen.

Die meisten haben es nicht eilig.
Gemütlich spazieren sie ins Klassen-Zimmer.
Mit jedem neuen Schüler wird es lauter im Raum.
Einige setzen sich schnell und schreiben noch die Hausaufgaben ab.

Ben sieht Robert Billings an, der am Fenster steht und hinausschaut.
Der kräftige Junge ist ein Außen-Seiter in der Klasse.
Er scheint sich für nichts zu interessieren.
Unterricht, Mitschüler, Aussehen: Alles ist ihm egal.
Seine Haare sind ungekämmt und das Hemd hängt aus der Hose.
Roberts Noten sind schlecht.
Wahrscheinlich muss er die Klasse wiederholen.

Die anderen mögen ihn nicht, am wenigsten Brad.
Gerade geht Brad an Robert vorbei zu seinem Tisch.
„Mach doch mal Platz, du Blödmann!"

Er gibt Robert einen kräftigen Schubs.
Dabei klebt er ihm einen Zettel auf den Rücken.
Darauf steht: „Schlag mich!"

Inzwischen sind die meisten Schüler da.
Als Letzte kommen Laurie Sanders, David Cooper und Amy Smith herein.
Die drei sieht man fast immer zusammen.
David ist Lauries Freund.
Er ist auch Kapitän der Football-Mannschaft.
Auch Brian und Eric spielen im Football-Team der Schule.

Laurie und Amy sind Bens beste Schülerinnen.
Die beiden sind eng befreundet.
Trotzdem hat Ben immer das Gefühl,
dass sie miteinander im Wettbewerb stehen.

Gerade stellt Laurie ihre Tasche ab
und sieht dabei zufällig zur Tafel.
„Was soll denn das bedeuten?", fragt sie neugierig.

Alle schauen nach vorn.
Ben Ross schreibt in großen Buchstaben
etwas an die Tafel.
Als er fertig ist, steht da:
Macht durch Disziplin!

Macht durch Disziplin!

„Was das bedeutet, erkläre ich euch gleich.
Setzt euch bitte."
Ben wartet, bis alle Schüler an ihren Plätzen sind.
Dann sagt er:
„Wir werden heute über Disziplin sprechen."

Disziplin? Die Schüler stöhnen.
Das klingt ja langweilig!
Dabei ist Ben Ross doch für seinen interessanten
Unterricht bekannt.

„Wartet ab!", sagt Ben. „Hört mir erstmal zu."
Er macht eine Pause und sieht die Schüler der Reihe
nach an.
„Disziplin ist die Voraussetzung für Erfolg.
Disziplin bedeutet Macht.
Ist hier jemand, der sich nicht
für Macht und Erfolg interessiert?"

„Robert wahrscheinlich", sagt Brad laut.
Die anderen lachen.

„Wir werden sehen", sagt Ben.
„David, Brian, Eric: Ihr drei spielt Football.
Dann wisst ihr ja:
Um zu gewinnen, braucht man Disziplin."

„Wahrscheinlich haben wir deshalb seit zwei Jahren kein Spiel mehr gewonnen", sagt Eric.
Lautes Gelächter.

Ben wartet geduldig, bis es wieder ruhig ist.
„Andrea", sagt er dann zu einer hübschen rothaarigen Schülerin.
„Du tanzt Ballett. Müssen Tänzer nicht viele Stunden hart üben, um wirklich gut zu werden?"

Das Mädchen nickt.
Ben wendet sich wieder an die Klasse.
„So ist es mit vielen Dingen. Ob Sport, Musik, Malen oder Schreiben: Wer Erfolg haben will, muss jahrelang üben. Harte Arbeit, Disziplin und Kontrolle – darauf kommt es an."

„Und was soll uns das jetzt sagen?", fragt Brad gelangweilt.

Ben geht nicht darauf ein.
„Disziplin ist aber nicht nur wichtig, wenn man Erfolg haben will.
Disziplin ist auch die Grundlage für Macht", sagt er.
„Denn nur wer Erfolg hat, kann auch Macht haben.
Macht über sein eigenes Leben.
Und vielleicht auch Macht über andere.
Wie so etwas funktioniert?

Das will ich euch zeigen.
Und zwar hier im Klassen-Zimmer.
Was sagt ihr dazu?"

Ben wartet auf einen Witz,
doch die Schüler sind still.
Ihre Neugier ist geweckt.
Sie sehen ihn interessiert an.

„Also gut." Ben stellt einen Stuhl so,
dass alle ihn sehen können.
„Disziplin beginnt mit der richtigen Haltung.
Amy, komm doch bitte einmal her.
Setz dich hier auf den Stuhl."

Als Amy vor ihm sitzt, erklärt Ben:
„Kreuze die Hände auf dem Rücken
und sitze ganz aufrecht.
Fühlst du, dass du so besser atmen kannst?"
Amy probiert es aus und nickt.

Die anderen Schüler setzen sich genauso hin.
Hier und da kommt eine lustige Bemerkung.
Aber es machen tatsächlich alle mit.
Ben geht von einem zum anderen
und überprüft die Haltung.
„Erstaunlich", denkt er.
„Sie sind alle bei der Sache. Sogar Robert."

„Sehr gut!“, sagt er laut.
„Jetzt möchte ich, dass ihr euch Robert anseht.
Er sitzt ganz gerade.
Die Beine sind dicht nebeneinander.
Seht ihr, wie aufrecht er sitzt?
Das ist sehr gut, Robert!“

Robert sieht Ben an und lächelt kurz.
Dann sitzt er wieder ganz steif da.
Die anderen Schüler tun es ihm nach.

Ben geht nach vorn. „Gut, machen wir weiter!
Steht jetzt auf und geht in der Klasse herum.
Wenn ich es befehle, lauft ihr zu euren Plätzen
zurück und setzt euch wieder so hin.
Aber so schnell wie möglich! Also los, aufstehen!“

Die Schüler stehen auf und laufen durch die Klasse.
Nach kurzer Zeit sagt Ben: „Setzen!“

Alle rennen zu ihren Plätzen.
Es gibt ein wildes Durcheinander.
Manche rennen einander absichtlich um.
Es dauert einige Zeit, bis alle wieder sitzen.

„Viel zu viel Durcheinander!“
Ben schüttelt den Kopf.
„Das muss viel schneller gehen.

Versucht es noch einmal.
Aber diesmal ohne zu reden! Los, aufstehen!“

Das Spiel beginnt von vorn – einmal und noch einmal. Die Schüler stehen auf und laufen durch den Raum. Wenn Ben es befiehlt, kehren sie ganz schnell an ihre Plätze zurück.

Ben gibt seine Befehle kurz und knapp.
Nach einer Weile kommt etwas Neues dazu:
Die Schüler sollen auf den Flur hinauslaufen und von dort an ihre Plätze zurückkehren.
Ben stoppt die Zeit.

Nach zwei Versuchen voller Durcheinander hat David eine Idee.
„Hört mal“, sagt er, als sie wieder draußen stehen.
„Stellen wir uns doch mal so auf:
Die mit den Plätzen hinten im Klassen-Zimmer stehen ganz vorn in der Reihe.
Dann laufen wir uns nicht mehr gegenseitig um.“

Aus dem Klassen-Zimmer ertönt Bens Zeichen, und die Schüler laufen los. Ben stoppt die Zeit:
16 Sekunden! Die Klasse jubelt.

„Sehr gut. Ruhe bitte!“, sagt der Lehrer.
Und tatsächlich: Die Schüler sind sofort still.

Ben ist überrascht.
Sie gehorchen aufs Wort.

„Jetzt noch etwas“, sagt Ben.
„In Zukunft gibt es drei Regeln zu beachten.
Erstens: Jeder legt sich Block und Stift für Notizen bereit. Zweitens: Wer etwas sagt oder eine Frage beantwortet, stellt sich neben seinen Stuhl.
Drittens: Wenn ihr redet, beginnt ihr immer mit den Worten: Mr Ross. Alles klar?“

Die Schüler nicken.

„Gut“, sagt Ben. „Brad, wer war während dem Zweiten Welt-Krieg britischer Premier-Minister?“

Brad kratzt sich am Kopf. „Hm, war das nicht ...“

Ben unterbricht ihn sofort. „Falsch, Brad.
Du hast dich nicht an die Regeln gehalten.“
Er sieht zu Robert hinüber.
„Robert, zeige Brad, wie man eine Frage richtig beantwortet.“

Robert springt sofort auf und stellt sich aufrecht neben seinen Stuhl. „Mr Ross ...“, beginnt er.

„Richtig, Robert“, sagt Ben. „Danke.“

„So ein Blödsinn“, schimpft Brad leise.

„Das sagst du nur, weil du es nicht richtig gemacht hast“, sagt sein Nachbar.

„Brad“, wiederholt Ben.
„Wer war englischer Premier-Minister?“

Diesmal steht Brad auf. „Mr Ross, hm, Premier-Minister, ich glaube es war ...“

„Das geht noch viel zu langsam, Brad“, unterbricht ihn Ben. „Antworte so kurz wie möglich. Und zwar sofort, wenn ich dich frage. Versuch es noch einmal, Brad. Also: Wer war Premier-Minister?“

Jetzt steht Brad schnell auf und antwortet sofort: „Mr Ross, Winston Churchill!“

Ben nickt. „Richtig! So beantwortet man Fragen: schnell, kurz und klar. Sehr gut, Brad! Andrea, welches Land hat Hitler im September 1939 angegriffen?“

Andrea springt auf und steht kerzengerade neben ihrem Stuhl.
„Mr Ross, ich weiß es nicht!“

Ben lächelt. „Richtig gemacht, Andrea.
Auch wenn du die Antwort natürlich wissen solltest.
Amy, weißt du es?"

Amy springt auf. „Mr Ross, Polen!"

„Sehr gut", sagt Ben. „Brian, wie hieß Hitlers Partei?"

Brian springt auf. „Mr Ross, die Nazis!"

Ben nickt. „Gut, Brian. Wie ist der vollständige
Name der Partei? Laurie?"

Laurie steht auf. „National-Sozialistische ..."

„Nein!", unterbricht Ben. „Nochmal, aber richtig!"

Laurie setzt sich erstaunt.
David sagt leise etwas zu ihr.
Laurie steht wieder auf. „Mr Ross!
National-Sozialistische Deutsche Arbeiterpartei."

„Sehr gut", sagt Ben. Er stellt die nächste Frage.
Und wieder die nächste. Blitzschnell springen
die Schüler auf und antworten kurz und klar.
Die Stimmung in der Klasse ist anders als sonst.
Etwas Neues, Aufregendes liegt in der Luft.
Schnell und genau kommen die Antworten.

Die Glocke läutet zum Ende der Stunde.
Doch niemand steht auf.
Alle sind mitgerissen von dem schnellen
Frage-und-Antwort-Spiel.
Auch Ben ist beeindruckt.
Er atmet tief durch und gibt die Hausaufgaben:
„Heute Abend lest ihr Kapitel 7 im Geschichts-Buch
zu Ende. Schluss für heute! Geht jetzt in die Pause."

Die Mädchen und Jungen stehen auf.
Ruhig und geordnet verlassen sie
das Klassen-Zimmer.

Ein tolles Gefühl

„Das war gut heute!“ David beißt kräftig in sein Pausen-Brot. Eric und Brian nicken.

Die Jugendlichen stehen auf dem Schulhof zusammen. Alle sind begeistert.

„Erstaunlich“, sagt Amy. „So viel Spaß hat mir noch keine Geschichts-Stunde gemacht.“

„Auf jeden Fall war es spannender als sonst“, sagt Eric.

„In der Klasse war eine super Stimmung.
Ich habe mich ganz anders gefühlt als sonst“,
sagt David.
„Da war ein richtiges Gemeinschafts-Gefühl.
Wir waren irgendwie eine Einheit.
Und auf einmal hat alles geklappt.
Wahrscheinlich ist es das, was Mr Ross
mit Macht gemeint hat. Oder nicht?“

„Naja“, sagt Brad. „Ich finde, du übertreibst.“

Aber David hört gar nicht hin.
Ihm ist plötzlich ein Gedanke gekommen.
„Wäre es nicht toll, wenn wir dieses Gefühl

auf unsere Football-Mannschaft übertragen könnten? Mit dieser Energie könnten wir jeden Gegner schlagen. Als Spieler sind wir ja nicht schlecht, aber wir sind alle Einzel-Kämpfer.
Wir müssen besser zusammenhalten.
Dann werden wir auch wieder gewinnen!"

Brad schüttelt zweifelnd den Kopf.
David schaut auf seine Uhr.
„Wir sehen uns gleich beim Sport.
Ich muss noch mal rein."

Er geht zur Toilette.
Im Wasch-Raum sieht er Robert.
Der steht gerade vor dem Spiegel und streicht sich die Haare glatt. Dann drückt er den Rücken durch und stellt sich ganz aufrecht hin.
Seine Lippen formen stumm die Worte ‚Mr Ross'.
Als er David bemerkt, bekommt er einen roten Kopf und geht schnell hinaus.

David sieht ihm überrascht nach.
Auf Robert hat die letzte Geschichts-Stunde wohl den größten Eindruck gemacht.

Nur ein Spiel?

Am Abend erzählt Ben Ross seiner Frau
von der ungewöhnlichen Geschichts-Stunde.

„Du glaubst nicht, wie begeistert die Klasse war!“,
sagt er zu Christy.
„Das hätte ich nie gedacht. Ich war mir ziemlich
sicher, dass sie gar nicht mitmachen.
Dass sie es blöd finden, so auf Befehle zu hören.
Aber dann ist genau das Gegenteil passiert.
Ich glaube wirklich, sie mögen Disziplin!
Alle saßen aufrecht da. Wenn ich sie aufrief,
sprangen sie sofort auf und antworteten.
Es war unglaublich.“

„Es war eben ein Spiel für sie.
So etwas wie ein Schnelligkeits-Wettbewerb“,
sagt Christy.

„Auch das“, sagt Ben.
„Aber ich glaube, es war mehr als ein Spiel.
Ich habe das Gefühl, dass sie wirklich Regeln wollen.
Vielleicht ist es genau das, was ihnen fehlt.
Sie wollen Disziplin. Es war mir fast unheimlich.“
Er sieht Christy an.
„Nach der Stunde sind sie sitzen geblieben.
Sie wollten gar nicht mehr gehen.“

„Wirklich?“ Christy ist erstaunt.
„Sonst rennen sie doch raus, sobald es klingelt!“
Sie lacht. „Was hast du denn nur
mit deinen Schülern gemacht!“

An diesem Abend liegt Ben noch lange wach.
Er hat Christy nicht alles erzählt.
Diese Unterrichts-Stunde hat ihn genauso
mitgerissen wie seine Schüler.
Die schnellen Fragen und Antworten, die Disziplin:
All das war so lebendig und ansteckend.

Ben muss zugeben, dass er begeistert ist.
Der Unterricht hat ihm heute viel Spaß gemacht.

Macht durch Gemeinschaft!

Am nächsten Morgen geschieht etwas Unerwartetes. Ben hat seine Notizen im Auto vergessen und kommt zu spät zum Unterricht. Außer Atem öffnet er die Tür zum Klassen-Zimmer. Er erwartet wie üblich das größte Durcheinander.

Aber nein. Erstaunt bleibt er stehen.
Im Raum ist es ganz ruhig. Die Jungen und Mädchen sitzen aufrecht an ihren Plätzen.
Ben sieht sich ratlos um. Soll das ein Witz sein?
Aber die Gesichter sind aufmerksam und erwartungsvoll, auch wenn mancher ein Lachen unterdrückt. Die Schüler fragen sich wohl, ob Ben das Experiment fortsetzen wird.

Ben zögert einen kurzen Moment.
Soll er wirklich weitermachen?
Ben ist ratlos. Doch gleichzeitig hat er große Lust, es auszuprobieren.

„Also“, sagt er und legt seine Notizen ab.
„Was geht hier vor?“
Die Schüler sehen ihn unsicher an.

„Robert? Was ist hier los?“
Ben schaut zu Robert hinüber.

Er ist überrascht. Roberts Haar ist gekämmt.
Das Hemd steckt ordentlich in der Hose.

„Mr Ross!" Robert springt sofort auf.
„Das ist Disziplin! Wir üben Disziplin!"

„Sehr gut, Robert!" Der Lehrer nickt ihm zu.
„Das hier ist Disziplin. Ihr wisst also jetzt,
was Disziplin bedeutet. Aber wer Macht haben will,
braucht mehr als nur Disziplin.
Wichtig ist noch etwas ganz anderes.
Und darüber wollen wir heute sprechen."

Er dreht sich zur Tafel um und nimmt die Kreide.
Unter die Worte **Macht durch Disziplin!**
schreibt er jetzt: **Gemeinschaft!**

Dann erklärt er, was er damit meint.
„Wenn Menschen ein gemeinsames Ziel haben,
entwickeln sie ein Gemeinschafts-Gefühl.
Dieses Gefühl verbindet sie.
Dazu braucht es gar nicht viel.
Man spielt zusammen in einer Musik-Gruppe.
Macht Sport zusammen.
Repariert mit dem Nachbarn das Auto.
Wichtig ist, dass man sich gemeinsam
für eine Sache einsetzt.
Dann kann man große Kräfte entwickeln."

David nickt. Er weiß sofort, was der Lehrer meint.
Genau darüber hat er gestern nachgedacht.
Das ist es, was dem Football-Team fehlt:
Gemeinschafts-Gefühl.

„Wichtig ist das Gefühl, ein Teil von etwas zu sein", erklärt Ben. „Teil von einer Gruppe von Menschen.
Menschen, die etwas verbindet.
Das kann ein gemeinsames Hobby sein.
Oder eine Überzeugung. Eine Idee.
Man gehört zu einem Ganzen, das größer ist als man selbst. Dieses Gefühl macht Menschen stark.
Sie tun sehr viel dafür."

„Stimmt, eine Gemeinschaft zu sein ist gar nicht schlecht", sagt Eric leise.
Manche nicken. Andere sehen eher zweifelnd aus.

Ben schaut in die Runde.
„Ich möchte euch zeigen,
was Gemeinschafts-Gefühl bedeutet.
Ich möchte, dass ihr es selbst erlebt."
Er macht eine Pause. Die Schüler warten gespannt.

Dann sagt er:
„Ab heute sind das unsere Grundsätze:
Macht durch Disziplin! Macht durch Gemeinschaft!
Steht jetzt alle auf und wiederholt das!"

Die Schüler stehen auf.
„Macht durch Disziplin! Macht durch Gemeinschaft!“, sprechen sie Ben nach.

Fast alle sind aufgestanden.
Nur wenige nicht, darunter Laurie und Brad.
Ben sieht, dass ihnen die Übung nicht gefällt.
Doch er kümmert sich nicht darum. Immer wieder lässt er die Schüler die Grundsätze wiederholen.
Nach einer Weile machen schließlich alle mit.

„Gut, das genügt“, sagt Ben. „Nun brauchen wir noch ein Zeichen für unsere Gemeinschaft.
Es soll unser Erkennungs-Zeichen sein.“

Er nimmt die Kreide und überlegt kurz. Dann malt er einen Kreis mit einer Wellen-Linie an die Tafel.

„Das ist ab jetzt unser Zeichen: die Welle.
Eine Welle bedeutet Bewegung, Kraft, Veränderung.
Von jetzt an nennen wir unsere Gemeinschaft:
Die Welle. Und das ist unser Gruß!“
Der Lehrer macht mit der Hand
eine Wellen-Bewegung vor der Brust.
„Alle grüßen!“, befiehlt er.

Die Schüler tun es ihm nach.
Die ganze Klasse steht da und übt den Wellen-Gruß.

Ben ist zufrieden.
„Okay", sagt er. „Robert, zeig den Gruß
und wiederhole unsere Grundsätze!"

Robert springt auf. Er grüßt und ruft:
„Mr Ross, Macht durch Disziplin!
Macht durch Gemeinschaft!"

„Gut so, Robert!" Ben nickt. „Jetzt du, Amy!"
Amy folgt Roberts Beispiel.

„Sehr gut! Ihr seid dran, Eric, Brian und David!"

Die drei Jungen springen auf. Nun stehen schon fünf Schüler. Alle fünf machen die Wellen-Bewegung und sprechen im Chor die Grundsätze.
Ben ruft noch mehr Schüler auf.

„Macht durch Disziplin! Macht durch Gemeinschaft!" Der Chor wird immer lauter. Schließlich steht die ganze Klasse aufrecht vor ihrem Lehrer. Alle machen den Wellen-Gruß.

Der Raum ist von einer großen Energie erfüllt.
Ben sieht in strahlende Augen und frohe Gesichter.
Er atmet tief durch. Sie alle sind jetzt eine Einheit.
Er kann sehen, dass die Schüler dasselbe fühlen.
Zusammen sind sie stark!

Die Welle schwappt über

Am Nachmittag trifft sich die Football-Mannschaft der Gordon High-School zum Training.
Bald gibt es ein wichtiges Spiel.

Als David in den Umkleide-Raum kommt, sind die anderen schon da.
Brian und sein Ersatz-Mann Tim streiten mal wieder.
David ärgert sich.
„Wir sind einfach kein Team", denkt er.

„Du hast doch voll Schiss!" Tim steht wütend vor Brian, der gerade seine Schuhe anzieht.
„Gib es doch zu! Lass mich auf den Platz!"

„Dass ich nicht lache", knurrt Brian, rot vor Ärger.
„Mit dir haben wir doch überhaupt keine Chance!"

„Schluss jetzt!" David reicht es.
„Hört endlich auf mit euren Streitereien!", schimpft er. „Wenn das so weitergeht, werden wir nie ein gutes Team.
Wir sollten eine Mannschaft sein!
Wir sollten uns gegenseitig unterstützen!"

Die anderen Spieler nicken. Sie stehen lustlos herum. Brian und Tim schweigen verärgert.

Da kommt David eine Idee.
Die Geschichts-Stunde fällt ihm ein.
Könnte das auch bei der Mannschaft funktionieren?

„Okay, Leute", sagt er entschlossen.
„Wir machen da gerade etwas wirklich Cooles in Geschichte. Hört mal zu."
Und er erzählt seinem Team von der Welle. Von den Regeln, dem Gruß und dem Gemeinschafts-Gefühl.
„Wir machen einfach als Team bei der Welle mit!
Lasst es uns doch mal ausprobieren!"
David redet sich in Begeisterung.

Die anderen machen zweifelnde Gesichter.
Aber Eric und sogar Brian unterstützen David.
Der Eifer der drei wirkt schließlich ansteckend.

„Ich weiß, es klingt komisch", sagt David.
„Aber es ist wirklich ein supercooles Gefühl.
Ich sage euch: Wenn wir so einen Team-Geist entwickeln, dann schlagen wir sie alle!"

Schweigen.
„Okay", sagt einer der Jungen schließlich,
und die anderen nicken.
„Wie geht nochmal der Gruß?"

Wie bei der Armee

Es ist Mittwoch-Abend.
Laurie sitzt mit ihren Eltern beim Essen.
Gerade hat sie ihnen von der letzten
Geschichts-Stunde erzählt.

„Ihr könnt euch nicht vorstellen, wie das war!“,
sagt sie aufgeregt.
„Alle haben gegrüßt und die Grundsätze gesprochen.
Und man spürte, wie sich eine gemeinsame Kraft
entwickelte. Erst hatte ich keine Lust mitzumachen.
Aber dann habe ich es probiert,
und es hat mich richtig mitgerissen.“

Lauries Mutter schüttelt zweifelnd den Kopf.
„Für mich hört sich das alles sehr militärisch an.
Das klingt ja wie bei der Armee!
Disziplin, ein gemeinsamer Gruß!
Mir gefällt das nicht.“

„Ach Mum, du siehst wieder alles so schwarz“,
sagt Laurie ärgerlich.
Ihre Mutter ist immer so kritisch und besorgt.
Laurie findet das manchmal ganz schön nervig.

Der Vater gibt Laurie recht.
„Es ist doch gut, wenn die jungen Leute sich

gemeinsam für eine Sache begeistern.
Später müssen sie auch mit anderen
zusammenarbeiten, ihre Kollegen unterstützen.
Gut, wenn sie das schon lernen."

„Alle haben mitgemacht. Sogar Robert!",
sagt Laurie. „Es war wirklich ein tolles Gefühl."

„Das kann ja sein. Aber was hat denn das im
Geschichts-Unterricht zu suchen?"
Lauries Mutter ist nicht überzeugt.
„Ich finde übrigens andere Dinge viel wichtiger.
Zum Beispiel, dass ihr selbstständige Menschen
werdet. Dass ihr selbstständig denkt und handelt
und euch nicht so leicht beeinflussen lasst."

„Oh Mum", seufzt Laurie. „Du siehst das viel zu eng.
So macht der Unterricht einfach mehr Spaß.
Wir haben eine Menge gelernt."

„Lauries Lehrer wird schon wissen, was er tut",
sagt Lauries Vater.

„So?", fragt die Mutter. „Mir scheint, er manipuliert
die Schüler. Findest du das etwa nicht gefährlich?"

„Quatsch!" Laurie ist sauer.
„Mr Ross ist unser bester Lehrer.

Bei den anderen ist der Unterricht nicht mal
halb so interessant."

„Wo ist denn David?", fragt ihr Vater,
um das Thema zu wechseln.
„Kommt er noch?"

Lauries Freund ist sonst fast jeden Abend da.

„Nein, er macht noch Hausaufgaben."
Laurie schaut zu ihrer Mutter.
„Wir haben für Geschichte noch einiges auf."

„Was, David macht Hausaufgaben?"
Der Vater sieht überrascht aus.
Dann muss er lachen.
„Na, das macht mir wirklich Sorgen!"

Macht durch Handeln!

Donnerstag-Morgen.
Es ist der dritte Tag von Bens Experiment.
Als Laurie und David ins Klassen-Zimmer kommen,
hängt an der Wand ein großes Poster.
Darauf ist eine blaue Welle zu sehen.
David stößt Laurie an.
„Sieh dir mal Mr Ross an!", sagt er leise.

Laurie staunt nicht schlecht: Statt der alten Jeans
hat Ben heute einen Anzug und ein weißes Hemd an.
So sieht er ganz anders aus.
Gerade verteilt er gelbe Zettel auf den Tischen.
Neugierig schaut Laurie den Zettel an.
Es ist eine Mitglieds-Karte für die Welle.

„So, wir fangen an! Ruhe bitte!"
Ben steht vor der Klasse.
„Ich habe jedem eine Mitglieds-Karte hingelegt.
Dreht sie bitte einmal um. Fällt euch etwas auf?"

Die Schüler sehen sich die Karten an.
Robert springt auf.
„Mr Ross! Bei mir ist auf der Rückseite ein rotes X!"

„Genau", sagt Ben. „Manche Karten haben ein rotes X.
Wer eine solche Karte hat, ist ein Helfer.

Er wird mir in Zukunft melden,
wenn ein Mitglied der Welle die Regeln verletzt."

Die Schüler mit dem X, darunter Robert und Brian,
sehen sehr zufrieden aus.

Ben dreht sich um und schreibt etwas an die Tafel.
Macht durch Handeln! steht da nun.

„Das ist unser nächster Punkt", erklärt er.
„Disziplin und Gemeinschaft sind sinnlos,
wenn sie nicht zum Handeln führen.
Eine Gruppe mit einem gemeinsamen Ziel muss auch
gemeinsam handeln. Glaubt ihr an die Welle?"

Die Schüler springen auf, ohne zu zögern.
„Mr Ross, jawohl!"

„Dann müsst ihr ab sofort auch nach den Grundsätzen
der Welle handeln. Ihr müsst zusammenarbeiten
wie die Räder einer gut geölten Maschine.
Harte Arbeit und fester Zusammenhalt:
Das ist entscheidend für den Erfolg der Welle.
Wichtig ist, dass ihr euch gegenseitig unterstützt.
Dadurch lernt ihr schneller und leistet mehr."

Ben macht eine Pause. Laurie sieht ihn nachdenklich
an. Auch sie ist aufgestanden. Aber seltsam:

Heute kommt sie sich dabei komisch vor.
Das Gefühl von Kraft und Energie fehlt heute.
Sicher liegt es an den kritischen Worten ihrer Mutter.
Auf einmal findet Laurie es fast unheimlich, wie eifrig die Klasse ist. Wie gehorsam die Schüler jedem Wort des Lehrers folgen.

„Setzt euch", sagt Ben.
„Ich möchte euch noch auf etwas hinweisen.
Ich weiß, dass ihr oft miteinander wetteifert.
Ob im Sport, unter Freunden oder im Unterricht:
Ihr seid immer Konkurrenten.
Das muss von jetzt an aufhören.
Ab jetzt arbeitet ihr alle gemeinsam für ein Ziel: den Erfolg der Welle.
Niemand ist wichtiger als der andere.
In der Welle sind alle gleich.
Wer Mitglied bei uns ist, gehört dazu.
Wir sind eine Gemeinschaft.
Habt ihr das verstanden?"

Die Schülerinnen und Schüler nicken.

„Gut. Dann versucht jetzt, neue Mitglieder für die Welle zu gewinnen. Das ist eure erste Aufgabe.
Aber denkt daran: Wer Mitglied werden will, muss unsere Regeln kennen und sich daran halten."

Neue Mitglieder werben?
David und Eric sehen sich erfreut an.
Dann war es also richtig, dem Football-Team von der Welle zu erzählen.

Vor dem Ende der Stunde will Ben noch die Hausaufgaben durchgehen.
Da hebt der schüchterne George die Hand.

„Ja, George?"

„Mr Ross!" George springt auf.
Seine Augen leuchten.
„Ich habe das Gefühl, ein Teil von etwas zu sein.
Zum ersten Mal. Ich finde das toll!"

Die anderen Schüler sehen ihn erstaunt an.
George setzt sich verlegen. Da springt Robert auf.

„Mr Ross", ruft er. „Mir geht es genauso.
Man fühlt sich wie ein neuer Mensch."

Jetzt steht auch Amy auf. „Mr Ross, das finde ich auch. Ich bin stolz auf die Welle!"

Ben ist überrascht. Er sucht nach Worten.
Er spürt, dass die Jugendlichen ihn als Anführer sehen. Sie vertrauen ihm.

Er will sie nicht enttäuschen.

„Unser Gruß!", befiehlt er,
und sofort springt die ganze Klasse auf.
Alle grüßen und wiederholen die Grundsätze:
„Macht durch Disziplin!
Macht durch Gemeinschaft!
Macht durch Handeln!"
Sie sagen es sogar noch ein zweites Mal.
Dann ist es ganz still im Raum.

Ben sieht die Mädchen und Jungen nachdenklich
an. Was für eine Kraft! Was für eine Begeisterung!
Er fühlt es ganz deutlich:
Die Welle ist für sie kein Spiel mehr.
Sie ist zu einer lebendigen Bewegung geworden.
Hat er das noch unter Kontrolle?

Coole Sache

Mittags sitzen einige Mitglieder der Welle in der Cafeteria zusammen. Laurie und Amy sind dabei, Brad, David und Brian. Und sogar – Robert. David hat ihn gefragt, ob er sich nicht dazusetzen will. Schließlich gehört er ja auch zur Welle.

„Also ich finde die Welle richtig gut", sagt Brad mit vollem Mund. „Das ganze Getue fällt weg. Ich meine, wer der Coolste ist und so. Du bist dabei, und alles andere ist egal."

„Ja", sagt Amy. „Endlich ist Schluss mit dem Konkurrenz-Denken. Man muss sich nicht mehr dauernd fragen, ob man beliebt ist oder nicht. Alle sind gleich, alle sind eine Gemeinschaft."

Laurie sieht nachdenklich aus. „Hat denn keiner von euch ein komisches Gefühl dabei?"

„Es fühlt sich ein bisschen ungewohnt an", sagt David. „Aber ich glaube, die Welle ist gut für uns."

„Und was ist, wenn jemand nicht mitmachen will?", fragt Laurie.
„Wer denn?", fragt David zurück.

Laurie wird rot. „Na, ich zum Beispiel.
Ich bin mir noch nicht sicher, was ich davon halte."

„He. Pass auf, was du sagt!"
Brian zieht plötzlich seine Karte aus der Tasche.
Er zeigt auf das rote X.
„Du weißt ja: Wir müssen jeden melden,
der sich nicht an die Regeln hält."

Laurie sieht ihn betroffen an.
Da lächelt Brian und schüttelt den Kopf. „Das würde
ich natürlich nicht tun", beruhigt er Laurie.

„Außerdem hat sie ja gar keine Regeln verletzt",
sagt David.

„Doch." Jetzt mischt sich Robert ein.
„Wenn sie wirklich gegen die Welle ist, dann schon."

Alle sehen ihn überrascht an.

„Ich meine, wir müssen doch alle die Welle
unterstützen", erklärt er verlegen.
„Das ist doch unsere Pflicht als Mitglieder."

Brad klopft ihm freundschaftlich auf die Schulter.
„Weißt du was?", sagt er zu Robert.
„Ich finde es gut, dass du auch dabei bist!"

Robert wird knallrot.
Dann dreht er sich schnell zu David um.
„Klebt jetzt etwas auf meinem Rücken?“,
fragt er unsicher.
David schüttelt beruhigend den Kopf,
und alle lachen.

Es geht voran

Ben kann es kaum erwarten, Christy von den Fortschritten seines Experiments zu erzählen. Heute Nachmittag war sein Kurs so voll wie nie. Selbst Schüler aus anderen Klassen sind bei ihm im Unterricht gewesen.

„Es ist beeindruckend“, sagt er beim Abendessen. „Die Schüler finden die neue Arbeitsweise richtig gut. Im Unterricht geht es zack, zack. Alle machen ihre Hausaufgaben und bereiten sich vor. Wir sind jetzt schon richtig weit mit dem Stoff. Alle geben sich Mühe, und die Leistungen sind viel besser geworden.“

„Das können nicht dieselben Schüler sein, die ich in Musik habe!“ Christy schüttelt ungläubig den Kopf.

„Du wirst es nicht glauben, aber sie lieben Disziplin“, sagt Ben. „Sie folgen mir aufs Wort!“

„Kein Wunder. Dann brauchen sie ja nicht mehr selbst zu denken“, sagt Christy trocken.

„Da ist etwas dran“, denkt Ben. Er hat schon bemerkt, dass die Schüler kaum noch kritische Fragen stellen. Sie antworten schnell und

richtig, aber sie fragen nicht mehr nach.
Auch die schriftlichen Arbeiten sind kürzer und knapper geworden. Es gibt keine Diskussion mehr.

„Was gefällt ihnen denn am meisten an der Welle? Was glaubst du?“, fragt Christy.

Ben überlegt. „Sie konkurrieren nicht mehr miteinander. Das ist angenehm und neu für sie.
Und wie gesagt, sie mögen die Disziplin.
Ich muss übrigens sagen: Ich auch.“

„Pass nur auf, dass dich dein Versuch nicht zu sehr mitreißt“, sagt Christy.
„Hast du keine Angst, dass das Ganze außer Kontrolle gerät?“

„Keine Sorge.“ Ben winkt ab.
„Übrigens: Die ganze Football-Mannschaft macht bei der Welle mit.
Ich habe vorhin den Trainer getroffen.
Es läuft jetzt viel besser im Team.“

Er spürt ein Gefühl von Stolz.
Vielleicht ist Disziplin wirklich der Schlüssel.
Vielleicht ist er dabei, eine ganz neue Art von Unterricht zu entwickeln?

Ein ganz neuer Mensch

„Was machst du gerade?"
Lauries Mutter schaut zur Tür herein.

Laurie schreibt einen Artikel für die Schüler-Zeitung.
Die nächste Ausgabe soll bald erscheinen.
Aber es fehlen noch einige Texte.
Und ihr fällt gerade auch nichts ein.

„Was ist denn?" Sie sieht auf,
froh über die Unterbrechung.

„Ich muss mal mit dir sprechen", sagt Mrs Sanders.
„Ich habe heute Roberts Mutter getroffen.
Sie sagt, Robert hat sich sehr verändert.
Er ist ein ganz neuer Mensch."

„Und? Macht seine Mutter sich deshalb Sorgen?",
fragt Laurie seufzend.
Sie kann sich schon denken, was jetzt kommt.

„Nein, aber ich", sagt ihre Mutter.
„Roberts Familie ist natürlich sehr froh.
Sie waren ja sehr beunruhigt wegen Robert.
Ich dagegen frage mich, woher diese extreme
Veränderung kommt.
Für mich klingt das fast nach Gehirn-Wäsche."

„Hm“, sagt Laurie. „Aber es ist doch gut für Robert.
Er macht jetzt bei allem mit.
Er hat Freunde. Was ist daran schlecht?“

„Aber er hat sich doch nicht wirklich verändert.
Das liegt doch nur an der Welle“, antwortet die
Mutter. „Es funktioniert nur in eurer Gruppe.
Dort fühlt er sich jetzt sicher.
Aber ohne die Welle klappt das nicht, verstehst du?
Die ganze Veränderung kommt doch nur,
weil jemand anderes ihm sagt, was er machen soll.“

„Vielleicht hast du recht“, sagt Laurie nachdenklich.
„Aber falls du dir um mich Sorgen machst:
Ich bin gar nicht mehr so begeistert von der Welle.“

„Da bin ich aber froh!“ Ihre Mutter lächelt.
„Übrigens: Es soll bald eine Versammlung in der
Schule geben. Dort sollen neue Mitglieder geworben
werden, hat Roberts Mutter erzählt.“

„Am Freitag, ja. Eigentlich treffen sich die Fans
der Football-Mannschaft.
Nur heißt es diesmal eben anders.“

„Roberts Mutter hat von 200 neuen Mitgliedern
gesprochen! Findest du das gut?“
Lauries Mutter zieht die Augenbrauen hoch.

„Ach Mum!", sagt Laurie.
„Du nimmst das Ganze viel zu ernst.
Ja, sie werden ein paar neue Mitglieder aufnehmen.
Na und? Die Welle ist ein Spiel, das ist alles.
Mr Ross ist ein richtig guter Lehrer.
Er will bestimmt niemandem das Gehirn waschen."

„Und was stört dich dann an der Welle?",
fragt die Mutter.

„Naja ...", Laurie denkt nach.
„Der Gruß, die Regeln ...
Das kommt mir inzwischen ein bisschen kindisch vor.
Ich wundere mich, dass die anderen das so toll
finden. Es stört mich.
Das ist aber kein Grund zur Sorge."

Lauries Mutter lächelt. „Na gut", sagt sie.
„Dann bin ich zufrieden. Aber rede bitte sofort mit
uns, wenn dich irgendetwas beunruhigt."
Sie streicht ihr über den Kopf und geht hinaus.

Laurie kaut nachdenklich an ihrem Stift.
Ihre Mutter nimmt die Welle viel zu wichtig.
Es ist doch alles nur ein Spiel. Oder etwa nicht?

Alles unter Kontrolle

Es ist Freitag-Morgen.
Ben ist im Lehrer-Zimmer.
Er trinkt noch schnell seinen Kaffee aus.
Der Direktor, Mr Owens, hat ihn rufen lassen.
Ben hat keine Ahnung, warum Mr Owens ihn sprechen will.
Ist es wegen der Welle?

Er geht durch die Aula zum Sekretariat.
In der Halle wird gerade eine große Fahne der Welle aufgehängt. Ach ja, Ben erinnert sich.
Heute wollen sich hier die Anhänger der Football-Mannschaft versammeln.
Dort sind ja auch Brian und Eric.
Sie verteilen Zettel, auf denen steht:
„Macht durch Disziplin!
Macht durch Gemeinschaft!
Macht durch Handeln!"

„Kommt heute um vier zur Versammlung!",
rufen sie den vorbeigehenden Schülern zu.
„Dort erfahrt ihr alles über die Welle!"

Auch in den Gängen hängen Plakate der Welle.
Ben kommt aus dem Staunen nicht heraus.
Einige Schüler grüßen ihn mit dem Welle-Gruß.

Er weiß nicht, ob er sich darüber freuen soll.
Dieser große Erfolg der Welle ist ihm ein bisschen unheimlich.
Sogar Schüler anderer Klassen machen mit, jüngere und auch ältere.

Vielleicht wäre es besser, mit dem Experiment jetzt aufzuhören?
Aber die Schüler werden dann sehr enttäuscht sein.
Und was wird aus Robert Billings?
Er hat sich so gut entwickelt.

Direktor Owens erwartet Ben in seinem Büro.
„Ihr Anzug steht Ihnen gut", sagt er zur Begrüßung mit seiner tiefen Stimme.

Ben lächelt unsicher. „Danke!"

„Ich habe Sie noch nie im Anzug gesehen", sagt der Direktor.
„Hat das etwas mit der Welle zu tun?" Ben nickt.

„Dann erklären Sie mir doch jetzt mal, was das alles soll", sagt Mr Owens. „Ich bin gespannt."
Er lehnt sich zurück und sieht Ben auffordernd an.

Ben erzählt. Wie das Experiment begonnen hat.
Wie begeistert die Schüler bei der Sache sind.

Wie gut sie im Unterricht vorankommen.
Und dass immer mehr Schüler bei der Welle mitmachen.

Als Ben fertig ist, reibt sich Direktor Owens nachdenklich das Kinn.
„Wissen Sie, Ben", sagt er.
„Diese Regeln, dieser Gruß ... Das gefällt mir nicht."

„Es gehört dazu", sagt Ben.
„Sogar unsere Football-Mannschaft ..."

„Ja, ich weiß", unterbricht ihn Owens.
„Der Trainer ist ganz begeistert.
Die Jungen strengen sich an wie noch nie."

Der Direktor zündet sich seine Pfeife an.
„Trotzdem: Ich mache mir Sorgen um die Schüler.
Natürlich weiß ich, dass Sie ein guter Lehrer sind.
Sie wollen sicher nur das Beste. Aber niemand weiß, wie ein solches Experiment ausgeht."

„Da kann ich Sie beruhigen", sagt Ben.
„Ich habe alles unter Kontrolle.
Die Schüler sollen sehen, wie es ist, wenn eine Gruppe ohne nachzudenken einem Führer folgt.
Das ist die Idee. Und ich achte sehr darauf, dass nichts schiefgeht."

Owens stößt den Rauch aus. „Also gut“, sagt er.
„Aber Sie müssen die Entwicklung genau beobachten, Ben.
Diese Sache ist anders als alles, was ich bisher an der Schule erlebt habe.
Ich will offen mit Ihnen sprechen:
Ich weiß einfach nicht, was ich davon halten soll.
Vergessen Sie nicht:
Die Schüler sind jung und leicht zu beeinflussen.
Viele haben noch nicht den kritischen Geist, den wir uns wünschen.
Sie erkennen die Gefahr einfach nicht.
Verstehen Sie, was ich meine?“

„Natürlich!“

„Ich möchte später keine Vorwürfe von den Eltern hören. Dass wir hier eine Art Gehirn-Wäsche mit den Schülern machen. Oder so etwas Ähnliches.“

Der Direktor nickt Ben zu.
„Ich bin nicht begeistert von der Sache.
Aber bisher hatte ich noch nie Grund, an Ihnen zu zweifeln.“

„Und das soll auch so bleiben“, sagt Ben.

Der Leib-Wächter

Punkt zwölf kommt Ben aus dem Schulhaus.
Auf dem Weg zum Parkplatz merkt er,
dass ihm jemand folgt.
Er dreht sich um. Robert Billings ist hinter ihm.

„Was machst du da, Robert?“, fragt Ben erstaunt.

„Ich bin Ihr Leib-Wächter, Mr Ross!
Sie sind doch unser Führer.
Sie brauchen einen Leib-Wächter, der Sie beschützt.
Bitte, Mr Ross!“

Ben sieht in Roberts ernstes, eifriges Gesicht.
Er weiß nicht, was er sagen soll. Ein Leib-Wächter?
Geht das nicht viel zu weit? Damit macht er sich
ja erst recht zum Anführer. Oder ist das sogar gut?
Schließlich muss er der Führer sein,
damit der Versuch gelingt.

„Also gut, Robert“, sagt Ben nach kurzem Überlegen.
„Du darfst mein Leib-Wächter sein.“

Robert lächelt glücklich.
Ben klopft ihm auf die Schulter und geht zum Auto.
„Vielleicht ist es wirklich ganz praktisch“, denkt er.
„So habe ich Robert immer im Griff.“

Der Brief

Freitag-Nachmittag. Laurie schließt die Tür
zum Redaktions-Zimmer auf.
Heute treffen sich die Mitglieder der Schüler-Zeitung.
In einer Woche soll die nächste Ausgabe erscheinen.
Aber noch immer sind nicht alle Texte da.

„Wie jedes Mal“, denkt Laurie.
„Und wie immer bin ich es, die alle antreiben muss.“

Sie öffnet die Tür.
Da sieht sie ein Stück Papier auf dem Boden liegen.
Laurie bückt sich und hebt es auf.
Es ist ein Brief. Jemand muss ihn unter der Tür
durchgeschoben haben.

Auf dem Flur sind Stimmen und Lachen zu hören.
Alex Winter und ein Mädchen
aus der Nachbar-Klasse kommen herein.
Dann folgt der immer gut gelaunte Carl.
Langsam füllt sich der Raum.

Als sich alle einen Platz gesucht haben,
fragt Laurie nach den fehlenden Zeitungs-Artikeln.
Keiner hat sich darum gekümmert.
Jeder hat eine Ausrede.
Laurie ist ärgerlich.

„Und was jetzt? Leider habe ich auch keine Idee,
wie wir die restlichen Seiten füllen können.
Und nächste Woche soll die Zeitung erscheinen!“

„Warum schreiben wir nicht über die Welle?“,
sagt Carl sofort.
„Die interessiert doch im Moment alle am meisten.
Die Welle ist das große Thema in der Schule.“

„Ich weiß nicht so recht“, sagt Laurie zögernd.

„Na klar“, sagt Alex. „Warum denn nicht?
Du bist doch in der Welle. Schreib doch mal,
was das alles überhaupt soll.
Viele an der Schule fragen sich das nämlich.“

„Hm.“ Laurie hat keine große Lust dazu.
Sie hat sich ja selbst noch keine Meinung gebildet.

In diesem Moment fällt ihr der Brief wieder ein.
„Ach ja, wir haben übrigens Post bekommen“,
sagt sie und hält den Brief hoch.
„Der lag heute an der Tür.
Vielleicht hat noch jemand ein Thema für uns.
Ich mache ihn gleich mal auf.“

Im Umschlag sind ein Schreiben und eine kleine Notiz.
Laurie liest vor, zuerst die Notiz:

Liebe Redaktion!
Hier ist ein Bericht, den ich für die Schüler-Zeitung geschrieben habe. Ich will aber keinen Ärger bekommen deswegen. Deshalb habe ich meinen Namen nicht draufgeschrieben.

Ein anonymer Brief? Erstaunt sieht Laurie hoch. Auch die anderen gucken verwundert.

Laurie liest weiter:

Willkommen in der Welle ...

Ich bin in der dritten Klasse der Gordon High-School. Meine Freunde und ich haben von der Welle gehört. Deshalb wollten wir uns mal ansehen, was das eigentlich ist.
Wir sind in den Geschichts-Kurs von Mr Ross gegangen. Es war ganz interessant. Danach fanden manche von uns die Welle cool, andere nicht.
Ich fand das Ganze eher blöd.

Nach dem Unterricht wollten wir gehen.
Da hielt uns im Flur ein großer Schüler auf.
Er war aus dem Kurs von Mr Ross.
Er fragte uns, ob wir nicht Mitglied der Welle werden wollen. Zwei von uns sagten ja, zwei wussten es noch nicht. Ich sagte nein.

Da fing er an zu erzählen, wie toll die Welle ist.
Fast alle älteren Schüler sind schon Mitglied,
sagte er. Und auch viele aus den unteren Klassen.
„Je mehr Mitglieder wir haben, desto besser", sagte er.

Meine Freunde ließen sich überreden.
Ich wollte aber trotzdem nicht.

„Warum willst du denn nicht dabei sein?",
fragte er mich.
„Willst du nicht bei deinen Freunden mitmachen?"

Ich sagte: „Sie sind doch auch meine Freunde,
wenn ich nicht in der Welle bin."

Er wollte mich aber unbedingt überzeugen.
Zum Schluss wurde er richtig wütend.
„Pass bloß auf. Bald hast du nichts mehr zu lachen",
sagte er.
„Wenn du nicht Mitglied der Welle bist,
bist du deine Freunde bald los.
Die wollen dann nichts mehr mit dir zu tun haben."

Er wollte mir Angst machen.
Aber meine Kumpel sagten zu ihm: „Hör doch auf.
Warum soll einer unbedingt Mitglied werden,
wenn er nicht will."
Dann sind wir gegangen.

Inzwischen sind viele aus meiner Klasse in der Welle.
Die größeren Schüler haben sie dazu überredet.

Gestern traf ich den Kerl aus dem Geschichts-Kurs
auf dem Pausen-Hof.
Er ist sofort auf mich zugekommen.
„Und, hast du es dir überlegt?“, fragte er.
„Machst du bei uns mit?“
Ich sagte: „Ich glaube nicht.“
Und dann er: „Wenn du dich nicht bald entscheidest,
ist es zu spät.“
Es klang wie eine Drohung.
Dabei hat er nicht gerade freundlich ausgesehen.

Jetzt frage ich mich:
Zu spät wofür? Muss ich jetzt Angst haben?
Und was wollen die überhaupt???

Im Raum herrscht Schweigen.
Dann sagt Alex: „Das müssen wir drucken, Laurie.
Ganz klar.“ Die anderen nicken.

Laurie legt den Brief weg.
Sie ist erschrocken über den Inhalt. Alex hat recht.
Es ist Zeit, die Welle zum Thema zu machen.
Sie gibt sich einen Ruck. „Okay“, sagt sie.
„Ich überleg mir was dazu.“

Es gibt Ärger

Zehn vor vier. Laurie steht an ihrem Spind und kaut an ihrer Unterlippe.
Gleich beginnt in der Aula die Versammlung der Welle. Soll sie hingehen?

Der Brief an die Schüler-Zeitung geht ihr nicht aus dem Kopf. Zum ersten Mal hat die Redaktion einen anonymen Brief bekommen.
Laurie schüttelt ungläubig den Kopf.
Der Brief-Schreiber traute sich nicht, seinen Namen zu nennen.
Und zwar aus Angst vor der Welle!

„So kann das nicht weitergehen", denkt sie.
„Die Welle entwickelt sich zu etwas Bedrohlichem.
Mir wird das alles immer unheimlicher."

Vom Schulhof hört sie auf einmal lautes Geschrei.
Sie geht zum Fenster und sieht hinunter.
Zwei Jungen schlagen sich. Der eine ist Tim aus der Football-Mannschaft. Und der andere ist ... Brian!
Was ist denn da los?

Eine Gruppe Jungen steht um die Kämpfenden herum und feuert sie an.
„Brian! Brian! Gib's ihm!", hört Laurie sie schreien.

Jetzt trennt ein Lehrer die Kampf-Hähne.
Er packt die beiden am Arm und zieht sie mit sich.

Brian dreht sich um und ruft den anderen zu:
„Macht durch Disziplin! Macht durch
Gemeinschaft! Macht durch Handeln!"
Er macht den Welle-Gruß.
Die anderen antworten ebenso.

„Ach, halt doch endlich die Klappe!", schreit Tim.

„Hast du das gesehen?"
Plötzlich hört Laurie eine Stimme hinter sich.
Erschrocken dreht sie sich um.
Da steht David und grinst. Laurie lächelt ihn an.
Sie freut sich, ihn zu sehen.

„Was war denn da los?", fragt sie David.
„Ich dachte, ihr seid jetzt ein so tolles Team?
Gehört nicht die ganze Mannschaft zur Welle?"

„Tim nicht", sagt David. „Er ist ein Einzel-Gänger.
Er will unbedingt Brians Platz.
Tim passt einfach nicht in die Mannschaft.
Ich finde, der Trainer sollte ihn rauswerfen."

„Weil er nicht in der Welle ist?", fragt Laurie spitz.
Etwas an Davids Ton stört sie.

„Auch deshalb“, sagt David ernst.
„Tim denkt nur an sich.
Er hat überhaupt kein Gemeinschafts-Gefühl.
Aber komm, lass uns zur Versammlung gehen.“

In diesem Moment trifft Laurie ihre Entscheidung.
„Ich gehe nicht mit“, sagt sie.

„Was? Warum denn nicht?“
David sieht sie erstaunt an.

Laurie zuckt mit den Schultern.

„Aber diese Versammlung ist wirklich wichtig,
Laurie!“, sagt David.
„Alle neuen Mitglieder kommen.
Du leitest die Schüler-Zeitung.
Deine Meinung zählt, die anderen schauen auf dich.
Ist doch klar, dass du dabei sein musst!“

Laurie gibt sich einen Ruck.
„Ich finde, ihr nehmt die Welle zu ernst“, sagt sie.
„Jeder kann sich doch selbst eine Meinung bilden.
Manchmal habe ich das Gefühl,
die Welle macht euch ganz verrückt.“

„Was hast du denn auf einmal dagegen?“
David sieht ärgerlich und verletzt aus.

„Die Welle ist richtig gut, sie funktioniert.
Endlich sind wir ein Team. Verstehst du das nicht?“

Laurie schluckt. „Du bist ein Idealist, David.
Du träumst von einem tollen Team und einer
besseren Gesellschaft. Aber es wird immer Leute
geben, die nicht mitmachen wollen.
Leute, die anders sind.
Und die haben auch ein Recht dazu.“

David sieht sie kopfschüttelnd an.
„Weißt du, was ich glaube?“, sagt er scharf.
„Dir passt etwas ganz anderes nicht.
Du ärgerst dich, weil du in der Welle
nichts Besonderes mehr bist.
Nicht mehr die Tollste und Beste,
sondern eine von vielen. Das ist dein Problem!“

Laurie schießen Tränen in die Augen.
„Das stimmt nicht, und das weißt du genau!
Es ist gemein von dir, so etwas zu sagen!“

„Wenn ich so dumm und gemein bin,
dann such dir doch einen anderen Freund!“
Wütend dreht David sich um und geht davon.
Laurie sieht ihm sprachlos nach.

Erster Widerstand

Nach dem Streit mit David ist Laurie durcheinander.
Sie steht noch einen Moment vor ihrem Spind.
Soll sie nach Hause gehen?
Doch dann beschließt sie, im Redaktions-Büro
weiter an ihrem Text zu arbeiten.
Dort ist man ungestört. Jetzt bloß nicht ständig
Leuten über den Weg laufen.

Die Tür zum Büro ist nur angelehnt.
Am Schreibtisch sitzt Alex, vor sich ein Blatt Papier.
Er hat Kopf-Hörer auf und wippt im Takt der Musik.
Als er Laurie bemerkt, nimmt er die Kopf-Hörer ab.
„Du hier?“, fragt er erstaunt.
„Warum bist du denn nicht bei der Truppe?“

Laurie muss lächeln.
„So schlimm ist es ja nun auch wieder nicht, Alex.“

Alex grinst. „Meinst du? Wenn das so weitergeht,
ist unsere Schule bald eine Art Kaserne.“

Wieder geht die Tür auf. Carl kommt herein.
Als er Alex und Laurie sieht, lächelt er.

„Ich habe dich reingehen sehen“, sagt er zu Laurie.
„Was ist denn hier los? Versteckt ihr euch etwa vor

denen da draußen? Da bin ich ja bei euch richtig.
Ich komme nämlich gerade von der Versammlung."

„Haben sie dich wirklich wieder rausgelassen?",
fragt Alex.

„Ich musste aufs Klo", sagt Carl.

„He Mann", sagt Alex.
„Da bist du hier aber ziemlich falsch."

Carl grinst. „Jeder Ort ist mir lieber als die Welle.
Ich sage euch, Leute: Es wird höchste Zeit,
dass wir darüber berichten."

Alex und Laurie nicken.
Laurie fasst einen Entschluss.
„Treffen wir uns am Sonntag bei mir", schlägt sie vor.
„Sagt den anderen Bescheid. Aber nur denen,
die nicht in der Welle sind.
Am Montag bringen wir eine Schüler-Zeitung
zur Welle heraus!"

Bedenkliche Entwicklung

Am Abend ist Laurie allein in ihrem Zimmer.
Es ist schon halb elf. David ist nicht gekommen.
Eigentlich hatten sie sich heute Abend treffen wollen. Das war schon so ausgemacht.

„David reagiert manchmal ein bisschen heftig.
Aber normalerweise entschuldigt er sich hinterher",
denkt Laurie.
„Ob er das heute Nachmittag ernst gemeint hat?
Ist jetzt wirklich Schluss mit uns – wegen der Welle?"
Das kann sie sich gar nicht vorstellen.

Es klopft an der Tür. Lauries Vater schaut herein.
„Gut, dass du noch wach bist, Laurie.
Ich möchte dir etwas erzählen.
Kann ich kurz reinkommen?"

Laurie nickt und rückt ein bisschen zur Seite.
Der Vater setzt sich neben sie aufs Bett.

„Ich komme gerade vom Sport", sagt er.
„Es geht um eure Schule. Die Kollegen haben erzählt, dass heute auf dem Weg nach Hause ein Junge zusammengeschlagen wurde.
Er wollte der Welle nicht beitreten. Hat sich wohl ein bisschen darüber lustig gemacht."

Laurie ist sprachlos.

„Die Familie des Jungen ist neu hier.
Und noch etwas, Laurie: Der Junge ist Jude."

Laurie schluckt. „Glaubst du etwa ... dass er deshalb zusammengeschlagen wurde?
Das kann ich mir nicht vorstellen!
Ich mag die Welle nicht, aber so etwas passt doch nicht zu den Schülern bei uns."

„Ich weiß nicht, Laurie. Bist du dir da so sicher?"
Der Vater sieht sie prüfend an.

„Ich weiß ja noch, wie alles angefangen hat", sagt Laurie leise. „Es ging um Nazi-Deutschland und warum die Leute mitgemacht haben.
Mr Ross will doch nicht, dass wir Nazis werden."

„Ich glaube, Mr Ross hat diesen Versuch nicht mehr unter Kontrolle", sagt der Vater.

Laurie nickt bedrückt.
Sie weiß nicht, was sie sagen soll.

„Die Eltern des Jungen werden am Montag zum Direktor gehen", sagt der Vater.
„Hier muss etwas passieren."

Laurie nickt. „Wir bringen am Montag die neue
Schüler-Zeitung heraus", sagt sie entschlossen.
„Da wollen wir über die Welle schreiben.
Wir werden diesen Vorfall auch zum Thema machen.
Ich rufe gleich noch Carl und Alex an
und sage ihnen Bescheid."

„Das ist sicher eine gute Idee, Laurie."
Ihr Vater sieht sie besorgt an.
„Aber bitte seid vorsichtig, ja?"

Beim Football

Samstag-Nachmittag.
Heute ist endlich das Football-Spiel,
auf das Davids Mannschaft so lange gewartet hat.
Die halbe Schule ist da, und die Ränge im Stadion
sind dicht gefüllt.

Laurie steigt die Stufen zur Tribüne hinauf.
Irgendwo dort oben sitzt Amy. Laurie hat ihre
blonden Locken schon von Weitem leuchten sehen.
Sie will unbedingt mit ihrer Freundin sprechen.
Amy soll erfahren, dass jemand verprügelt wurde.
Dann wird sie bestimmt verstehen,
dass die Welle gefährlich ist.
Laurie hofft, Amy dann auf ihrer Seite zu haben.

„Stopp! Erst den Welle-Gruß!"
Jemand legt Laurie die Hand auf die Schulter.
Sie dreht sich um. Es ist Brad.

„Ach, du bist es, Laurie. Ich habe dich von hinten
gar nicht erkannt", sagt Brad.
Er hebt die Hand und macht den Welle-Gruß.
Aber Laurie steht einfach nur da.

Brad zieht die Brauen hoch.
„Los, mach schon, Laurie.

Du brauchst nur zu grüßen,
dann kannst du hochgehen."

„Was soll das heißen?", fragt Laurie ärgerlich.
„Darf ich etwa nicht mehr auf die Tribüne,
wenn ich nicht grüße? Meinst du das ernst?"

Brad zuckt verlegen mit den Schultern.
„Ja, das haben sie beschlossen."

„Wer – sie?"

„Na die Welle, Laurie, du weißt schon."

Laurie zeigt auf die gedrängt sitzenden Schüler.
„Willst du damit sagen, dass die alle gegrüßt
haben? Alle, die hier sitzen?"

„Ganz genau. Jedenfalls in meinem Teil der Tribüne."

„Aber ich will hinauf, und ich will nicht grüßen!",
sagt Laurie scharf.

„Das kannst du nicht", antwortet Brad.

„Was willst du denn machen, wenn ich trotzdem
hochgehe?" Lauries Stimme wird lauter.
Ein paar Schüler drehen sich zu ihnen um.

Brad wird rot. „Komm schon, Laurie“, sagt er leise.
„Nun mach schon diesen blöden Gruß.“

Aber Laurie gibt nicht nach.
„Auf keinen Fall. Hör jetzt endlich damit auf, Brad.
Das ist total lächerlich. Und das weißt du genauso
gut wie ich!“

Brad beißt sich auf die Lippen.
Dann sieht er sich schnell noch einmal um und sagt:
„Okay, dann lass es! Es schaut gerade niemand her.
Geh einfach weiter.“

Aber Laurie hat plötzlich die Lust verloren.
Sie kommt sich vor wie ein Eindringling.

„Du findest doch selbst, dass es Schwachsinn ist!
Warum machst du dann überhaupt mit?“,
sagt sie wütend zu Brad.

Brad zieht die Schultern hoch.
„Ich habe jetzt keine Zeit zum Reden“, sagt er.
„Das Spiel fängt an. Ich bin hier für die Tribüne
zuständig, und ich habe eine Menge zu tun.“

„Hast du etwa Angst?“ Laurie lässt nicht locker.
„Hast du Sorge, die anderen nehmen es dir übel?
Ich meine, wenn du nicht mitmachst?“

„Quatsch“, sagt Brad ernst.
„Ich habe vor gar nichts Angst.
Aber du solltest lieber den Mund halten, Laurie.
Es ist aufgefallen, dass du gestern nicht bei der
Versammlung warst.
Viele Leute haben das bemerkt.“

Er dreht sich um und lässt sie stehen.
Laurie bleibt sprachlos zurück.
Was soll denn das bedeuten?
Will Brad ihr drohen?
Oder will er sie warnen?
Ist sie etwa in Gefahr?

Ein mutiger Schritt

Am Sonntag treffen sich die Redakteure der Schüler-Zeitung bei Laurie.
Außer Alex und Carl kommt nur noch das Mädchen aus der Nachbar-Klasse.

„Die anderen wollen sich wohl nicht den Zorn der Welle zuziehen", sagt Alex.

Die vier machen sich an die Arbeit.
Zunächst wollen sie über die Erfahrungen des anonymen Brief-Schreibers berichten.
Und sie wollen über den Vorfall mit dem Jungen schreiben.

Carl und Alex haben schon einige Informationen dazu gesammelt. Es hat sich herausgestellt, dass der jüdische Junge nicht ernsthaft verletzt ist.
Aber einer der Schläger hat ihn einen „dreckigen Juden" genannt. Das hat ihn sehr gekränkt.

Das Mädchen hat zwei Interviews dabei:
eines mit einem kritischen Lehrer (ihrem Vater),
eines mit einer besorgten Mutter (ihrer Mutter).

Auf der ersten Seite wird Lauries Artikel stehen.
Sie hat am Samstag noch lange daran gearbeitet.

In ihrem Artikel fällt Laurie ein hartes Urteil
über die Welle. Die Welle, so schreibt sie,
ist eine gefährliche Bewegung.
Sie ist undemokratisch, sie unterdrückt die freie
Meinung und das freie Denken.
Die Welle schadet der Schule.
Und sie ist völlig sinnlos.
(Auch mit der Welle hat die Gordon High-School
das Spiel am Samstag haushoch verloren.)
Zum Schluss warnt Laurie davor,
mit der Welle weiterzumachen.

Carl und Alex wollen die Texte gleich am Montag
früh zum Drucker bringen.
Dann kann die Schüler-Zeitung in der Mittagspause
verteilt werden.

Streit

Am Montag-Morgen wartet Laurie wie üblich
vor der Schule auf Amy.
Heute ist ihr nicht wohl dabei.
Sie muss unbedingt mit Amy sprechen,
bevor die Schüler-Zeitung erscheint.
Sie weiß, dass ihre Freundin viel von der Welle hält.
Amy wird entsetzt sein. Aber Laurie ist sicher:
Wenn Amy erst die Wahrheit kennt,
wird sie ihre Meinung ändern. Sie ist doch so klug.
Da biegt Amy auch schon um die Ecke.
Die Mädchen begrüßen sich.

Laurie holt tief Luft. „Amy, bitte lies das doch mal.
Es ist mein Artikel für die Schüler-Zeitung."
Sie gibt Amy den Artikel. Amy liest ihn aufmerksam.
Ihre Augen werden größer und größer.
Dann schaut sie Laurie an.

„Willst du das wirklich veröffentlichen?", fragt sie
aufgeregt. „Spinnst du?
Du kannst doch nicht so über die Welle reden!"

„Aber es ist die Wahrheit!", verteidigt sich Laurie.

„Ach hör doch auf, Laurie!", sagt Amy ärgerlich.
„Du siehst das wirklich völlig falsch.

Seit dem Streit mit David bist du
total durcheinander."

Laurie schüttelt den Kopf.
„Mit David hat das überhaupt nichts zu tun.
Die Welle ist gefährlich, Amy. Merkst du das nicht?
Ein Schüler ist verprügelt worden.
Ein anderer fühlt sich bedroht, weil er nicht
mitmachen will. Findest du das etwa gut?"

„Davon weiß ich nichts", sagt Amy.
„Und ich glaube es auch nicht. Das erzählen Leute,
die gegen die Welle sind. Ich finde die Welle toll.
Und weißt du, warum?"
Sie geht einen Schritt zurück und sieht Laurie
herausfordernd an.

„Zwischen uns hat es doch immer einen Wettstreit
gegeben. Seit wir uns kennen, bin ich dir
hinterhergelaufen. Der tollen Laurie!
Super hübsch, super Noten, cooler Freund.
Ich wollte immer so sein wie du.
Das ist jetzt endlich anders.
In der Welle sind wir alle gleich.
Wir sind einfach eine coole Gemeinschaft.
Alles andere spielt keine Rolle mehr:
ob man gut aussieht, super Noten hat oder
ob einen die anderen toll finden."

Amy wirft den Kopf zurück und sagt streng:
„Weißt du, was ich glaube, Laurie?
Du bist nur gegen die Welle, weil du jetzt nichts Besonderes mehr bist! Weil du nicht mehr diejenige bist, um die sich alle reißen!“

Laurie steht einen Moment lang stumm da.
Sie fühlt Wut und Enttäuschung in sich aufsteigen.
Sie hat so auf Amys Unterstützung gehofft.
Die Vorwürfe ihrer Freundin verletzen sie.

„Ihr seid wie eine blöde Schaf-Herde,
die blind ihrem Leit-Hammel hinterherläuft!“,
ruft sie aus. „Das hätte ich nie von dir gedacht, Amy!“

„Lass uns gehen“, sagt Amy kurz.
„Der Unterricht fängt an.“
Sie dreht sich um und geht in die Schule.

Laurie sieht ihr kopfschüttelnd nach.
Amy kommt ihr vor wie eine Fremde.

Die Schüler-Zeitung

Montag-Nachmittag im Lehrer-Zimmer.
Ben Ross legt die Schüler-Zeitung aus der Hand.
Er kommt sich vor wie in einem bösen Traum.
Hat er die Welle so unterschätzt?

Er ist schockiert über das, was er gelesen hat.
Und nicht nur er: Die ganze Schule ist in Aufregung.

Vor zwei Stunden ist die Schüler-Zeitung erschienen.
Die Exemplare waren so schnell verkauft wie noch nie.
Immer mehr Schüler berichten jetzt,
dass sie sich von Welle-Mitgliedern bedroht fühlen.
Überall in den Klassen-Zimmern und auf dem Hof
stehen Schüler zusammen und reden.
Es gibt nur ein Thema: die Welle.

Ben schüttelt verzweifelt den Kopf.
Er ist verantwortlich dafür,
dass man einen Jungen zusammengeschlagen hat.
Es ist allein seine Schuld.
Er hat dieses Experiment begonnen,
und dann hat er die Kontrolle darüber verloren.
Das ist nicht zu entschuldigen.

In ihm toben die Gefühle. Ben spürt:
Er ist nicht nur entsetzt über das, was passiert ist.

Er ist auch enttäuscht.
Enttäuscht über den Misserfolg der Welle.
Enttäuscht, dass die Football-Mannschaft wieder verloren hat. Er schüttelt über sich selbst den Kopf.
Was hat er denn erwartet?
Hat er denn selbst an die Welle geglaubt?
Dass es so einfach ist, Erfolg zu haben?
Macht zu haben?
Und was wollte er damit erreichen?

Ben sieht, dass die Welle auch ihn mitgerissen hat.
„Ich habe mir in meiner Rolle als Führer gefallen“, denkt er. „Ich war nicht mehr Lehrer,
sondern ein Teil des Spiels.
Deshalb habe ich auch zu wenig darauf geachtet, wie sich die Sache entwickelt.“
Er ist selbst zu einem kleinen Diktator geworden.
Dabei sollte er doch den Überblick behalten.
Schließlich ging es bei dem Experiment nicht um Erfolg oder Misserfolg der Welle.
Ben hatte den Schülern zeigen wollen,
wie verführbar Menschen sind.
Und nun ist er selbst darauf hereingefallen.

Seine Hände zittern, als er noch einmal
nach der Zeitung greift.
Er muss das Experiment beenden. Aber wie?

Die Schule in Aufregung

David kommt aus dem Schultor. Er ist wütend.
Die Welle ist nichts Schlechtes!
Was Laurie da geschrieben hat, kann er einfach
nicht glauben. Sie lässt sich von den Gegnern
der Welle beschwatzen.
Die Welle ist auch nicht sinnlos.
Gut, das Football-Spiel haben sie verloren.
Aber schließlich gibt es die Welle erst seit fünf Tagen.
In dieser kurzen Zeit ist der Team-Geist
schon viel besser geworden.
David schüttelt den Kopf.
Warum hackt Laurie so auf der Welle herum?
Wenn sie nicht dabei sein will, ist das ihre Sache.
Aber warum muss sie alles schlechtmachen?

Er sieht sich um.
Vor dem Tor stehen Brian, Eric, Robert und Amy.
David geht zu ihnen. Alle sind stocksauer.

„Die Leute bekommen eine ganz falsche Vorstellung
von der Welle", sagt Eric.
„Wenn das so weitergeht, ist bald Schluss damit."

Robert nickt. „Laurie ist eine Bedrohung
für die Welle", sagt er finster.
„Das lassen wir uns nicht gefallen!"

„Nun wartet doch erstmal ab“, sagt David.
Roberts Ton gefällt ihm nicht.
„Wir können nicht von allen erwarten,
dass sie die Welle toll finden.
Wir werden die anderen schon noch überzeugen,
wenn Gutes dabei herauskommt.“

„Man muss Laurie daran hindern, etwas Schlechtes
über uns zu schreiben“, sagt Robert ernst.
„Ich übernehme das! Lasst mich nur machen.“

„He, Moment mal ...“, beginnt David.
Roberts drohender Ausdruck passt ihm gar nicht.
Aber Brian fasst ihn am Arm und zieht ihn zur Seite.
Leise sagt er zu David: „Sprich du mit Laurie.
Du hast den größten Einfluss auf sie.
Sag ihr, dass sie mit diesen Angriffen aufhören soll.
Wenn sie weiter solchen Quatsch schreibt,
ist es vorbei mit der Welle.“

„Robert klingt ja richtig gewalttätig“,
schimpft David. Er gibt sich einen Ruck:
„Also gut, wenn es sein muss: Ich rede mit Laurie.“

Du musst es beenden

„Ich muss mit dir reden! Jetzt sofort!"
Christy Ross steht aufgeregt in der Küchen-Tür.
Ben sieht auf. „Kann das nicht warten?
Ich muss mich für morgen vorbereiten", sagt er kurz.

Aber Christy hört gar nicht hin.
„Ben, du musst dieses Experiment abbrechen!",
sagt sie ungeduldig.
„Die Welle macht die ganze Schule verrückt.
Hast du die Schüler-Zeitung gelesen?
Weißt du, wie viele Eltern und Lehrer sich heute
schon beschwert haben?"

„Ja, ich weiß", sagt Ben.
„Ich weiß auch, was sie über mich erzählen.
Dass ich völlig verrückt bin
und mich als Führer aufspiele."

„Und, stimmt das vielleicht nicht?", fragt Christy
scharf. „Ich kenne dich ja gar nicht wieder.
In den letzten Tagen hast du dich verändert, Ben.
Du hast diese Rolle völlig angenommen.
Die ganze Sache muss sofort aufhören!"

„Ich weiß. Aber ich kann jetzt nicht damit aufhören.
Noch nicht!"

„Wann denn dann?“, fragt Christy verärgert.
„Erst wenn einige dieser jungen Leute etwas richtig Schlimmes angestellt haben?“

Ben seufzt. „Meinst du, das macht mir keine Sorgen? Aber wenn ich jetzt aufhöre, hängen die Schüler in der Luft. Sie müssen selbst einsehen, dass da etwas schiefläuft.
Sie müssen es verstehen. Das ist meine Pflicht.“

Christy ist nicht beeindruckt.
„Ich hoffe nur, dass Direktor Owens damit einverstanden ist.
Er kam heute nach dem Unterricht zu mir.
Da warst du schon weg. Er will dich sprechen, und zwar gleich morgen früh.
Ich kann dir nur raten, Ben: Überleg dir etwas, und zwar schnell. Sonst bist du deine Stelle los.“

Sie geht hinaus. Ben reibt sich verzweifelt die Stirn.
Natürlich hat Christy recht. Er braucht eine Lösung.
Wenn er das Experiment nicht morgen beendet, wird Direktor Owens es tun.
Aber er kann die Welle doch nicht einfach abbrechen.
Die Schüler müssen den Grund dafür verstehen.
Sie müssen begreifen, dass sie etwas Falschem nachgelaufen sind.
Nur wie erreicht er das?

Angst

Es ist fast acht Uhr, draußen wird es schon dunkel.
Laurie schließt die Tür zum Redaktions-Zimmer ab.
Wie immer ist sie die Letzte.
Bis vor einer halben Stunde hat die Redaktion
ihren Erfolg gefeiert.
Alle Exemplare der Schüler-Zeitung sind verkauft.
Einige Lehrer und Schüler haben Laurie
zu ihrem mutigen Artikel beglückwünscht.
Schon hört man, dass manche Mitglieder aus
der Welle austreten wollen.
Laurie ist froh, dass sie das Thema in die Zeitung
gebracht haben.

Vor dem Heimweg muss sie noch ihre Jacke
aus dem Spind holen.
Laurie geht durch das leere Schulhaus.
Kein Mensch ist zu sehen.
Ihre Schritte klingen laut in den dunklen Gängen.
Laurie spürt ein unangenehmes Gefühl.
Wie still es in der Schule ist! Richtig unheimlich.

An ihrem Spind bleibt sie erschrocken stehen:
Jemand hat mit roter Farbe das Wort „Feindin!“
an die Tür geschrieben.
Plötzlich schlägt Lauries Herz schneller.
Ist vielleicht noch jemand in der Nähe?

Mit zitternden Fingern öffnet sie den Spind
und nimmt ihre Jacke heraus.
Dann geht sie schnell zum Ausgang.

Aber halt: Ist da nicht ein Geräusch?
Laurie zuckt zusammen.
Hat sie nicht Schritte gehört? Sie dreht sich um.
Da ist niemand.

Ihr Herz klopft wie verrückt.
Will sich vielleicht jemand an ihr rächen?
„Denk doch nicht so etwas", beruhigt sie sich.
„Die Welle ist schließlich kein Verein von
Kriminellen."
Wieder Schritte.
Kommt da jemand den Gang herunter?
Folgt ihr jemand?

Plötzlich geht das Licht im Flur aus.
Mit lautem Knall fällt eine Tür zu.
Das Geräusch hallt in den leeren Gängen wider.
Laurie erschrickt fast zu Tode.
In Panik rennt sie los.
Sie rennt den Gang entlang und die Treppen runter.
Dann durch die große Halle zum Ausgang.
Da ist das Tor!
Atemlos wirft Laurie sich dagegen.
Fast erwartet sie, dass es versperrt ist.

Aber das Tor geht auf.
Laurie läuft hinaus in die kühle Abendluft.
Sie läuft und läuft.
Erst bei den Sportplätzen bleibt sie stehen
und holt tief Luft.
Endlich wird sie ruhiger.

Begegnung mit Folgen

David wartet schon seit fast einer Stunde bei den
Tennis-Plätzen an der Schule.
Hier muss Laurie auf dem Heimweg vorbeikommen.
Er weiß, dass sie noch nicht zu Hause ist.
Er hat bei ihren Eltern angerufen.

Endlich sieht er sie kommen. Er geht auf sie zu.
„Laurie? Kann ich mit dir reden?“

Laurie bleibt stehen.
David sieht, dass sie schwer atmet.
Sie drückt ihre Tasche fest an sich und sagt spitz:
„Sieht man dich mal allein?
Wo ist denn der Rest von der Welle?“

David ärgert sich über ihren kühlen Ton.
Aber er nimmt sich zusammen.
„Komm schon, Laurie“, sagt er.
„Lass uns vernünftig miteinander reden.
Ich möchte etwas mit dir besprechen.“

„Aber ich nicht mit dir“, sagt Laurie schnell.
„Ich habe dir nichts zu sagen.
Und ich will auch nichts hören.
Lass mich einfach in Ruhe, ja?“
Sie geht an ihm vorbei und läuft weiter.

David schluckt. Nicht einmal reden will sie mit ihm!
Er rennt hinter ihr her.

„Jetzt hör doch mal zu, Laurie!
Ich möchte nicht, dass du gegen uns bist.
Ich will dich auf unserer Seite haben!"

„Keine Chance!" Im Gehen schüttelt Laurie den Kopf.
„Es ist jemand zusammengeschlagen worden,
David. Das ist kein Witz!"

„Aber das war doch keiner von uns!", ruft David aus.
„Einige Jungen aus der Nachbar-Klasse haben
die Welle zum Vorwand genommen.
Die Welle ist wirklich nichts Schlechtes, Laurie!"

Aber Laurie schüttelt nur wieder den Kopf.
Sie will jetzt einfach nur nach Hause.
Schnell geht sie weiter und schaut stur geradeaus.

David spürt Wut in sich aufsteigen.
Laurie ist so ungerecht und gemein!
Sie will einfach nur alles kaputtmachen!

Er packt sie am Arm und hält sie fest.
„Bleib jetzt stehen und rede mit mir!"
„Lass mich sofort los!" Lauries Augen blitzen.
Mit aller Kraft versucht sie sich loszureißen.

Aber David gibt nicht nach.
„Hör auf, uns schlechtzumachen!
Du darfst uns die Welle nicht verderben!
Hast du verstanden?"

„Ich schreibe und sage, was ich denke!",
zischt Laurie, rot vor Anstrengung.
„Und du wirst mich nicht daran hindern!"

David packt die Wut. Er hält sie noch fester.

Laurie kämpft gegen seinen Griff.
„Ich hasse die Welle! Ich hasse euch alle!",
schreit sie. „Und dich am allermeisten!"

Ihre Worte treffen ihn wie ein Schlag ins Gesicht.
„Ach, halt doch die Klappe!", brüllt er und stößt sie heftig zu Boden.

Laurie weint. Ihre Tasche ist aufgegangen
und die Bücher liegen um sie herum.
David erschrickt über sich selbst.
Plötzlich ist seine Wut wie weggeblasen.
Er kniet sich neben Laurie und umarmt sie vorsichtig.
„Es tut mir leid, Laurie! Hast du dir wehgetan?"

Laurie schüttelt den Kopf.
Vor Weinen kann sie kaum sprechen.

David hält sie ganz fest.
Sein Herz zieht sich vor Mitleid und Reue zusammen.
Gerade hat er gesagt, die Welle sei nicht schlecht.
Und nun das! Wie konnte er so die Beherrschung verlieren! Nur weil Laurie nicht wie er und die anderen von der Welle denkt.

„Oh Gott, es tut mir so schrecklich leid, Laurie!
Bitte verzeih mir!" David hat Tränen in den Augen.

Laurie nickt. Sie putzt sich die Nase und steht auf.
„Wir müssen etwas tun", sagt sie leise.
„Wir müssen zu Mr Ross gehen. Jetzt sofort.
Er muss dafür sorgen, dass das aufhört!"

David ist sofort einverstanden.
Ihm ist, als ob er aus einem Traum erwacht.
Die Welle hätte fast seine Freundschaft mit Laurie zerstört. Dabei liebt er Laurie doch!
Er hat sich in die Sache viel zu sehr hineingesteigert.
Genau wie Robert und die anderen.
Wenn er darüber nachdenkt, wird ihm elend.
Was ist nur in sie alle gefahren? Wieso machen sie blind alles mit, was von der Welle kommt?

„Lass uns gehen", sagt er.
„Mr Ross wohnt ja gleich in der Nähe."

Später Besuch

Christy ist schon nach oben gegangen.
Ben sitzt noch mit einem Glas Wein im Wohnzimmer.
Er hat jetzt eine Idee, wie er die Welle beenden kann.
Dann wird sich hoffentlich alles wieder beruhigen.

Macht verführt: Das hat er gewusst.
Jetzt hat er es selbst erlebt.
Mit einem unguten Gefühl erinnert er sich,
dass er dieses Gefühl von Macht selber genossen hat:
Ein Raum voller Schüler, und alle hören auf sein
Kommando. Alle hängen an seinen Lippen,
folgen seinem Befehl. Ben seufzt.
Er hat sich hinreißen lassen.
Nicht nur für die Schüler ist das eine lehrreiche
Erfahrung. Auch für ihn.

Er steht auf und bringt das leere Glas in die Küche.
In diesem Moment läutet es an der Tür.
Um diese Zeit? Ben öffnet.
Vor ihm stehen David Cooper und Laurie Sanders.

„Nanu, was macht ihr denn hier?“,
fragt Ben überrascht.

„Wir müssen Sie sprechen, Mr Ross!“, sagt Laurie.
„Es ist sehr wichtig.“

„Dann kommt rein!"
Ben macht eine einladende Hand-Bewegung.
Er ahnt schon, worum es geht.

Er führt die Schüler ins Wohnzimmer.
Laurie und David setzen sich aufs Sofa.

„Die Welle ist außer Kontrolle", beginnt Laurie.
„Die Schüler haben Angst. Niemand traut sich mehr,
etwas gegen die Welle zu sagen.
Viele fühlen sich bedroht.
Das geht zu weit, Mr Ross!"

Ben nickt. Ein Gedanke schießt ihm durch den Kopf.
Eigentlich ist die Welle ein voller Erfolg.
Er wollte den Schülern zeigen, wie das Leben
in Nazi-Deutschland war.
Und das ist ihm gelungen.
Es herrscht ein Gefühl der Angst und Gewalt.
Die Mitglieder der Welle fühlen sich im Recht.
Die, die anders denken, bekommen immer mehr
Angst vor der Übermacht der Welle.
„Ein ziemlich bedrückender Erfolg", denkt Ben.

„Heute habe ich Laurie fast verletzt", ruft David.
„Ich weiß nicht, was über mich gekommen ist.
Aber ich sage Ihnen: Den anderen geht es genauso.
Die Welle muss aufhören."

„Sie müssen die Welle beenden, Mr Ross!“, sagt Laurie.

„Ich weiß“, antwortet Ben.
„Und ich tue es auch.“

„Und wie?“, fragt David.

Ben zögert.
Er möchte den beiden noch nichts
von seinem Plan erzählen.
Am Ende verplappern sie sich morgen in der Schule.
Das wäre schlecht.

„Hört zu“, sagt er. „Ihr wisst, dass die anderen
Mitglieder noch nicht so weit sind wie ihr.
Ich möchte, dass sie zu derselben Erkenntnis kommen.
Ich werde ihnen dabei helfen. Bitte vertraut mir.
Könnt ihr das?“

Die beiden nicken unsicher.

„Dann lasst uns jetzt zu Bett gehen“, sagt Ben.
„Morgen brauchen wir einen klaren Kopf.“

David und Laurie stehen auf. Ben bringt sie zur Tür.
„Ach ja, bevor ich es vergesse“, sagt er.
„Kennt ihr zwei Schüler, die nie etwas mit der Welle
zu tun hatten?“

David denkt nach.
Er kennt eigentlich nur Mitglieder der Welle.
Aber Laurie weiß jemanden:
„Alex und Carl von der Schüler-Zeitung!“

„Gut“, sagt Ben. „Und nun bitte ich euch:
Geht morgen ganz normal in den Unterricht.
Sagt keinem, dass ihr heute hier wart.
Tut so, als wäre nichts geschehen. Okay?“

Laurie und David zögern.
Aber dann erklären sie sich doch einverstanden.
Ben verabschiedet die beiden,
und sie gehen in die Dunkelheit hinaus.

Nur noch einen Tag!

„Verdammt noch mal, Ben!
Letzte Woche ist ein Junge verprügelt worden!"
Direktor Owens schlägt mit der Faust auf den Tisch.
„Wissen Sie, dass ich alle fünf Minuten von Eltern angerufen werde? Die Sache muss ein Ende haben, und zwar sofort!
Ihr Experiment ist mir dabei wirklich egal, Ben!"

Ben wischt sich den Schweiß von der Stirn.
Er versteht, dass der Direktor sofort handeln möchte.
Die Welle hat auch außerhalb der Schule für Aufregung gesorgt.
Trotzdem braucht er noch diesen einen Tag.

„Mr Owens ..." Er holt tief Luft.
„Mir ist klar, dass Sie unter Druck stehen.
Ich weiß, dass ich zu weit gegangen bin.
Dieses Experiment war ein Fehler, das sehe ich jetzt.
Aber verstehen Sie doch:
Im Moment haben wir hier 200 Schüler, denen die Welle viel bedeutet. Sie hören auf mich.
Ich brauche noch diesen einen Tag.
Dann kann ich die Welle so beenden, dass die Schüler es verstehen werden.
Dann werden sie wirklich etwas dabei gelernt haben.
Das verspreche ich Ihnen!"

Direktor Owens klopft ungeduldig auf den Tisch.
„Und wie wollen Sie das machen?", fragt er.

Ben erzählt ihm von seinem Plan.
Der Direktor hört schweigend zu.
Als Ben fertig ist, folgt eine lange Pause.

„Also gut", sagt Owens schließlich.
„Ich gebe Ihnen noch diesen einen Tag.
Aber ich warne Sie, Ben:
Wenn Ihr Plan nicht funktioniert, können Sie nicht an unserer Schule bleiben.
Dann muss ich Sie bitten zu gehen.
Ist Ihnen das klar?"

Ben nickt. „Ja, das ist mir klar", sagt er.

Der Direktor steht auf und gibt ihm die Hand.
„Ich hoffe, dass es nicht dazu kommt.
Ich habe Sie immer für einen sehr guten Lehrer gehalten, Ben. Bringen Sie die Sache jetzt zu einem guten Ende.
Ihr Plan muss gelingen!"

Ben dankt ihm und geht hinaus.
Nun muss er nur noch Carl und Alex finden.

Eine neue Bewegung

Die Geschichts-Stunde beginnt.
Ben wartet, bis alle Schüler neben ihren Plätzen stehen.
Dann sagt er:
„Ich möchte euch jetzt etwas sehr Wichtiges mitteilen. Heute um fünf Uhr findet eine Versammlung der Welle statt. Hier in der Schule. Nur Mitglieder dürfen daran teilnehmen."

Er macht eine kurze Pause. Die Schüler sehen ihn gespannt an, auch Laurie und David.

„Vorher müsst ihr noch etwas wissen", sagt Ben. „Die Welle ist nicht nur ein Experiment an unserer Schule. Sie ist viel mehr.
Sie ist eine Bewegung im ganzen Land.
An vielen Schulen sind in den letzten Wochen Gruppen wie unsere entstanden. Lehrer wie ich haben eine neue Jugend-Organisation aufgebaut.
Wir wollen ein neues, starkes Amerika schaffen!
Viele Leute sind ohne Arbeit, viele leben in schlechten Verhältnissen.
Es gibt immer mehr Armut, immer mehr Verbrechen.
Es wird Zeit, dass wir uns dagegen wehren!
Es wird Zeit, dass wir für eine bessere Gesellschaft kämpfen!"

Ben sieht in die Runde.
Überall leuchtende Augen und erwartungsvolle Gesichter. Nur Laurie und David sehen erschrocken aus.

„Wir werden dieses Land verändern!",
sagt Ben feierlich.
„Wenn wir uns an die Regeln halten, sind wir stark!
Die Welle ist eine sehr mächtige Bewegung."

Laurie hält es nicht mehr aus.
„Aber Mr Ross, Sie haben doch gesagt ..."

Ben unterbricht sie: „Ich bin noch nicht fertig, Laurie. Lass mich ausreden!"

Er spricht weiter: „Heute Abend sollt ihr den Begründer und Führer der Welle kennenlernen.
Er wird heute im Fernsehen auftreten.
Er wird über die Gründung einer neuen nationalen Jugend-Bewegung sprechen.
Und das sind wir: die Welle!"

Einige Schüler beginnen zu jubeln. Laurie und David können sich nicht mehr beherrschen.

„Hört nicht auf ihn!", ruft David laut.
Die Enttäuschung ist ihm deutlich anzusehen.

„Seid ihr denn solche Schafe?“, ruft Laurie.
„Könnt ihr denn gar nicht mehr selbst denken?“

„Das genügt!“, sagt Ben scharf.
„Laurie, David: Ihr verlasst sofort die Klasse.
Wir gehen jetzt zum Direktor.
Ich kann nicht erlauben, dass ihr auf diese Weise
meinen Unterricht stört.
Robert, du übernimmst so lange die Aufsicht.“

„Jawohl, Mr Ross!“

Ben geht mit Laurie und David aus dem
Klassen-Zimmer. Auf dem Flur bleibt David stehen.

„Sie haben uns angelogen!“, sagt er erschüttert.
„Und wir haben Ihnen geglaubt!“

„Ich habe gesagt, ihr müsst mir vertrauen“,
antwortet Ben. „Erinnerst du dich?“

„Und warum sollen wir das?“ Laurie sieht ihn
wütend an. „Sie sind schließlich schuld daran, dass
es die Welle überhaupt gibt!“

Aber Ben kann und will ihnen jetzt nichts erklären.
Es bleibt ihm nichts anderes übrig,
als sie Direktor Owens zu übergeben.

Der Preis der Freiheit

Es ist jetzt halb fünf. Ben schaut in die Aula.
Hier wird in einer halben Stunde
die große Versammlung stattfinden.

Zwei Mitglieder der Welle sind gerade dabei,
den Fernseher aufzustellen.
Andere schleppen Stühle und Bänke herbei.
Eric und Brian hängen das große Welle-Plakat auf.
Die Stimmung ist aufgeregt und fröhlich.

„Was die Welle alles schafft!", denkt Ben.
„Es ist unglaublich."
Er seufzt. Hoffentlich bekommt er die Welle
wieder aus den Köpfen der Schüler.

Er sieht Robert kommen, im Anzug.
Der Junge geht zu Brian und Eric hinüber.
Alle drei machen den Welle-Gruß,
bevor sie sich über irgendetwas beraten.

Macht, Disziplin, Gemeinschaft!
In einer einzigen Woche haben diese Regeln
die Schüler völlig verändert. Ben muss lächeln.
Bald gibt es wieder die alten, schlampig gemachten
Hausaufgaben.
Das ist wohl der Preis der Freiheit.

Zweifel

Zehn vor fünf. David und Laurie sitzen auf einer Bank im Park neben der Schule.
Sie sind eine ganze Weile im Sekretariat gewesen.
Dann hat Direktor Owens sie nach Hause geschickt.
Nun wissen sie nicht, was sie tun sollen.
Ist es richtig, Ben Ross zu vertrauen?
Oder hat er sie doch belogen?

David legt den Arm um Laurie.
„Ich kann gar nicht glauben, wie dumm ich war.
Dass ich auf diese ganze Sache reingefallen bin!"

Laurie drückt seine Hand. „Du bist ein Idealist, David.
Das ist doch okay. Schließlich gibt es auch Gutes an der Welle. Sonst hätte ja keiner mitgemacht.
Ich verstehe nur nicht, dass niemand das Schlechte daran sieht."

„Niemand außer uns", sagt David trocken.
„Vielleicht haben wir doch unrecht?"

„Sicher nicht", sagt Laurie. Sie fasst ihn am Arm.
„Weißt du was, David? Lass uns zur Versammlung gehen. Ich will sehen, was passiert.
Und wer dieser Führer ist – falls es ihn gibt."

Das ist euer Führer!

Wenige Minuten vor fünf.
Die große Aula ist inzwischen gut gefüllt.
Aber noch immer kommen Mitglieder der Welle.
Am Eingang kontrollieren Brad und Eric
die Mitglieds-Karten.
Ben schüttelt staunend den Kopf.
Was für ein Andrang!

Robert kommt auf ihn zu.
„Es ist alles bereit, Mr Ross“, meldet er.

Ben sieht auf seine Uhr. Punkt fünf.
„Gut, fangen wir an“, sagt er.

Er geht nach vorn und steigt auf die kleine Bühne.
Sofort springen alle auf.
Ben macht den Welle-Gruß.
Die Jungen und Mädchen antworten ihm genauso.
Ben spricht die Grundsätze der Welle.
Die Schülerinnen und Schüler rufen ihm nach:
„Macht durch Disziplin!
Macht durch Gemeinschaft!
Macht durch Handeln!“

Wieder und wieder ertönen die Stimmen.
Der Chor wird immer lauter.

Ben fühlt ein Prickeln.
Eine ungeheure Energie erfüllt den Raum.

Er hebt die Hand, und sofort herrscht Stille.
„Was für ein Gehorsam", denkt er.
Laut sagt er: „Herzlich willkommen!
Ich begrüße euch zur Versammlung der Welle.
Gleich wird unser Führer zu uns sprechen.
Setzt euch."

Er sieht zu Robert hinüber:
„Robert, schalte den Fernseher ein."

Gleich darauf leuchtet der Bildschirm in einem bläulichen Licht. Alle warten gespannt.

Doch nichts geschieht.
Der Bildschirm ist leer. Kein Gesicht taucht auf.
Kein Geräusch ist zu hören.

Die Minuten vergehen.

Unruhe entsteht unter den Schülern. Was ist los?
Warum passiert denn nichts?
Alle Augen schauen jetzt auf Ben.

Der sieht in die jungen, erwartungsvollen Gesichter.
Ihr Anblick zieht ihm das Herz zusammen.

Wie leicht diese jungen Menschen zu beeinflussen sind! Wie blind sie ihm folgen und wie gern sie sich führen lassen!
Er hat ihnen gegenüber eine große Verantwortung. Gründlich nachzufragen, nie jemandem blind zu vertrauen: Das muss man sie lehren.

Plötzlich ruft ein Schüler enttäuscht:
„Es gibt gar keinen Führer! Stimmt's, Mr Ross?"

In der allgemeinen Unruhe kommen Laurie und David in den Saal. Niemand achtet auf sie.

„Doch!", ruft Ben. „Ihr habt einen Führer!"

Das ist das Stichwort, auf das Carl und Alex gewartet haben. Carl zieht den Vorhang von der Leinwand an der Rückwand der Bühne. Alex schaltet den Film-Projektor ein.

„Hier!", ruft Ben. „Das ist euer Führer!"

Ein riesiges Bild von Adolf Hitler erscheint auf der Leinwand.
Ein Stöhnen geht durch die Aula.

„Es gibt keine nationale Bewegung der Welle. Es gibt keinen Führer. Aber wenn es einen gäbe,

dann wäre es jemand wie er: Adolf Hitler.
Seht ihr jetzt, in welche Richtung ihr euch bewegt habt?"

Jetzt sieht man die Zuhörer von Hitler auf der Leinwand. Es sind junge Menschen mit strahlenden Gesichtern. Jugendliche voller Stolz und Begeisterung – viele von ihnen jünger als die Schüler im Saal.

„Ihr habt euch für etwas Besonderes gehalten", ruft Ben. „Aber ihr habt eure Werte verraten.
Wer nicht für die Welle war,
den habt ihr bei mir angeschwärzt.
Für das Gefühl der Gleichheit habt ihr eure Freiheit aufgegeben. Die Freiheit, selbst zu denken und sich eine eigene Meinung zu bilden.
Habt ihr gedacht, ihr könntet jederzeit wieder aussteigen? Glaubt nur das nicht!"

Im Saal ist es ganz still.
Die Schüler sitzen da wie versteinert.

„Ihr wärt alle gute Nazis gewesen", sagt Ben.
„Ihr hättet eure Uniform angezogen und das Denken aufgegeben. Ihr hättet nicht verhindert, dass man eure Freunde und Nachbarn verfolgt.
Habt ihr nicht gesagt, so etwas könnte euch nicht

passieren? Seht ihr jetzt, wie schnell das geht? Ihr habt andere bedroht, die nicht zu euch gehören wollten. Ihr habt Nicht-Mitglieder daran gehindert, zum Football zu gehen.
Faschismus ist nichts, was es nur anderswo gibt.
Er ist mitten unter uns und in jedem von uns."

Ben sieht in die Runde.
„Wir alle sind für unsere Taten verantwortlich. Lasst niemals zu, dass jemand euch das Denken abnimmt. Vertraut niemals blind einem Führer. Lasst nicht zu, dass eine Gruppe euch eure Rechte als denkende Menschen wegnimmt."

Er schweigt einen Moment.
Nun kommt der schwierigste Teil seiner Rede.

„Und wisst ihr jetzt auch, warum ihr das alles bald vergessen werdet? Weil es euch unangenehm sein wird, dabeigewesen zu sein.
Es wird euch schwerfallen zuzugeben,
dass ihr so weit gegangen seid.
Ihr werdet nicht zugeben wollen,
manipuliert worden zu sein.
Ihr werdet nicht zugeben,
bei diesem Irrsinn mitgemacht zu haben.
Ihr werdet euch nicht daran erinnern wollen.
So wie die Deutschen."

Im Saal herrscht tiefe Betroffenheit.
Ben holt tief Luft.

„Ich muss mich bei euch entschuldigen“, sagt er.
„Ich weiß, dass das alles schmerzhaft für euch ist.
Aber keiner von euch hat Schuld.
Keiner hat Schuld außer mir.
Ich habe euch dazu gebracht.
Ich habe die Welle begonnen,
weil ich euch etwas zeigen wollte.
Ihr solltet lernen, wie Faschismus funktioniert.
Dabei bin ich zu weit gegangen.
Ich bin viel mehr zu eurem Führer geworden,
als ich wollte. Auch für mich war das eine
schmerzhafte Lehre.
Hoffen wir, dass wir unsere Lektion nie mehr
vergessen.“

Die Wirkung auf die Schüler ist erschütternd.
Langsam stehen die ersten auf und verlassen die
Aula. Viele haben Tränen in den Augen, manche
weinen richtig. Andere sehen verlegen zu Boden.
Ihre Mitglieds-Karten lassen sie liegen.
Bald ist der Boden mit gelben Kärtchen bedeckt.

David und Laurie gehen zu Ben nach vorn.
„Es tut mir leid, dass ich Ihnen nicht geglaubt habe“,
sagt David.

„Das war schon richtig so", sagt Ben.
„Ich muss mich bei euch entschuldigen.
Ich hätte euch sagen sollen, was ich vorhabe.
Ihr habt schon recht gehabt,
mir nicht blind zu vertrauen."

„Und wie soll es nun weitergehen?", fragt Laurie.

„Nun ja, wir haben zwar noch eine Menge Stoff
vor uns." Ben lächelt schief.
„Aber nächste Stunde werden wir erst einmal
besprechen, was heute hier passiert ist."

„Wissen Sie, Mr Ross", sagt Laurie.
„Ich glaube, wir haben viel durch die Welle gelernt."

Ben nickt. „Das ist gut, Laurie.
Aber ich habe schon beschlossen, dass ich dieses
Experiment auf keinen Fall wiederhole."

Alle drei lächeln.
Laurie und David gehen zum Ausgang.
Ben sieht ihnen nach. Am Ausgang stehen Brad,
Amy und Brian und warten auf die beiden.

„Gott sei Dank!", denkt Ben.
Er sieht zu, wie die letzten Schüler die Halle
verlassen. Da hört er hinter sich ein Schluchzen.

Er dreht sich um.
Robert steht neben dem Fernseher und weint.
Sein ganzes Gesicht ist voller Tränen.

„Armer Robert", denkt Ben.
„Ihn trifft es am schlimmsten."

Er geht zu Robert und legt ihm freundschaftlich den Arm um die Schulter.
„Was hältst du davon, wenn wir jetzt zusammen essen gehen?", fragt er.

Robert versucht ein Lächeln unter Tränen.

Ben nimmt ihn beim Arm und zieht ihn mit sich.
„Komm, mein Junge", sagt er.
„Ich glaube, wir beide haben einiges zu besprechen!"

Nachwort

Ben Ross heißt eigentlich Ron Jones.
Er lebt in San Francisco und ist heute 76 Jahre alt.

Mit 27 war er Lehrer und Basketball-Trainer
an einer High-School in Kalifornien.
Seine Unterrichts-Methoden waren oft sehr
ungewöhnlich.
Er wohnte in einem Baumhaus und spielte
Punk-Musik. Die Schüler mochten ihn.

Nach dem Experiment „Die Welle" verlor Ron Jones
seine Stelle.
Aber die Erfahrungen mit der „Welle" ließen ihn
nicht mehr los. In einem Artikel und einem Buch
beschrieb er das Experiment.
Seitdem sind Filme, Bücher, Theater-Stücke und
Musicals darüber entstanden.
1981 erschien der Roman „Die Welle" von Morton
Rhue (eigentlich der Schriftsteller Todd Strasser).
Auf diesem Roman beruht dieses Buch.
2008 kam der deutsche Film „Die Welle" in die Kinos.
Der Film verlegt die Handlung in das moderne
Deutschland.
Ron Jones hat den Filme-Macher Dennis Gansel
bei den Dreh-Arbeiten beraten.

Wörter-Liste

Seite 7: Experiment
Versuch. Man probiert etwas aus, von dem man nicht weiß, wie das Ergebnis ausfallen wird.

Seite 7: High-School
Weiterführende Schule in den Vereinigten Staaten von Amerika (USA). Entspricht ungefähr unserer Gesamt-Schule und endet mit der Klassen-Stufe 12.

Seite 7: Nazi-Deutschland
Kurzwort für Deutschland unter der Herrschaft der National-Sozialisten 1933 bis 1945.

Seite 7: Mitläufer
Jemand, der bei einer Sache mitmacht, obwohl er nicht wirklich überzeugt ist. Ein Mitläufer erhofft sich persönliche Vorteile oder er hat Angst vor Nachteilen oder Unterdrückung.

Seite 7: verführen
Jemanden zu etwas überreden, verlocken.
Zum Beispiel auch mit Anreizen wie Belohnungen oder persönlichen Vorteilen.

Seite 8: Faschismus
Der Begriff kommt aus dem Italienischen.

Seit 1919 gab es in Italien die Partei der „Faschisten".
Ihr Anführer Benito Mussolini regierte ab 1925 als Allein-Herrscher (Diktator).
Inzwischen wird der Name Faschismus auch für andere nationalistische Bewegungen benutzt.
Faschisten kämpfen gegen die Demokratie.
Sie wollen einen Staat mit einem starken Führer.
Zu den Faschisten zählen auch die Nazis.

Seite 9: Konzentrations-Lager
Lager, in denen die Nazis Millionen von Menschen einsperrten. Es gab Arbeits-Lager und Todes-Lager. In den Arbeits-Lagern starben sehr viele der Gefangenen unter den unmenschlichen Bedingungen. Es gab kaum zu essen, die Unterkünfte waren schlecht und boten keinen Schutz vor Kälte. Die Arbeit war unglaublich hart.
In den Todes-Lagern wurden die Menschen systematisch ermordet. Die größte Gruppe Menschen, die in die Konzentrations-Lager kam, waren die Juden. Dazu kamen politische Gegner, Homosexuelle, Sinti und Roma und viele andere.

Seite 9: National-Sozialisten/Nazis
Die National-Sozialisten (kurz: Nazis) waren in Deutschland von 1933 bis 1945 an der Macht. Ihre Partei war die NSDAP (National-Sozialistische Deutsche Arbeiter-Partei). Ihr Anführer war

Adolf Hitler. Sie schafften die Demokratie ab und machten Deutschland zu einer Diktatur (also ein Land unter der Allein-Herrschaft von einem Führer).
Nach der Wahl, die die Nazis und Adolf Hitler an die Macht brachte, schafften sie die Wahlen ab.
Unter den Nazis wurde alles straff organisiert. Für die vielen Arbeitslosen gab es Arbeits-Dienste. Es gab die Jugendorganisationen Hitler-Jugend und Bund deutscher Mädel. Dort wurden die Kinder und Jugendlichen auf die Ideen von Adolf Hitler eingeschworen. Aber es gab keine Arbeitslosigkeit und keine solche Not mehr wie vorher. Deshalb fanden viele Deutsche die Nazis gut.
Hitler behauptete, die Deutschen seien ein besonderes Volk, eine Herren-Rasse. Er schob die Schuld für alles Schlechte auf die Juden.
Dann gab es immer mehr Gesetze, die die Juden unterdrückten. Am Schluss wurden die Juden in die Konzentrations-Lager gebracht, in denen über 6 Millionen von ihnen ermordet wurden.
Mit der besonderen Stellung der Deutschen als Herren-Rasse begründete Hitler auch den Zweiten Welt-Krieg, der neuen Lebensraum für die Deutschen bringen sollte.
Viele Deutsche ließen sich leicht von seinen Ideen verführen. Sie fühlten sich gut in ihrer Gemeinschaft als Herren-Rasse.
Es war einfach, jemand anderen, die Juden,

für alles Schlechte verantwortlich zu machen.
So kam es, dass es nur wenig Widerstand gegen Hitler und die Nazis gab.
Viele hatten auch Angst, etwas gegen Hitler und die Nazis zu sagen. Denn die Gegner von Hitler landeten in den Konzentrations-Lagern oder wurden zu harten Strafen, auch zum Tode, verurteilt.

Seite 9: Zweiter Welt-Krieg (1939–1945)
Größter weltweiter Krieg, an dem sehr viele Länder beteiligt waren. Deutschland und Italien kämpften gegen Frankreich, England, Russland und die USA.
Der Krieg begann mit dem Überfall Deutschlands auf Polen im September 1939.

Seite 9: Baracke
Einstöckiges, schnell gebautes Haus, dient oft zur Unterbringung von vielen Menschen. Meistens nur als schnelle Not-Unterkunft gedacht. In den Konzentrations-Lagern hausten die Menschen in Baracken.

Seite 10: Adolf Hitler (1889–1945)
Anführer der Nazis, auch „der Führer" genannt.
Hitler kam 1933 an die Macht und regierte dann als Diktator.
Viele Deutsche waren von ihm begeistert, auch weil er ihnen das Gefühl einer Volks-Gemeinschaft gab.

1939 begann er den Zweiten Welt-Krieg.
Er ließ Millionen von Juden in
Konzentrations-Lagern töten.

Seite 10: Überlegenheit
besser sein als jemand anderes

Seite 10: Menschen-Rasse
Manche Menschen, auch Wissenschaftler, hatten die Idee, dass die Menschen in Rassen einzuteilen sind. Sie glaubten, dass es bessere und weniger entwickelte Rassen gibt. Auch Hitler und die Nazis glaubten an die Rassen-Lehre.

Seite 10: NSDAP
die Partei der National-Sozialisten

Seite 10: SS
Die SS war die Kampf-Organisation der Nazis.
SS bedeutet „Schutz-Staffel".
Die SS bewachte auch die Konzentrations-Lager.

Seite 10: Juden
Religions-Gemeinschaft, wie Christen oder Moslems

Seite 10: Sinti und Roma
Volks-Gruppen, die ursprünglich aus Ost-Europa stammten und meist nicht sesshaft lebten

Seite 10: Homosexuelle
Männer, die Männer lieben,
und Frauen, die Frauen lieben

Seite 11: Folter
Folter bedeutet, einen Mensch zu quälen.

Seite 11: Gas-Kammer
In den Gas-Kammern in den Konzentrations-Lagern wurden unzählig viele Menschen mit Gas vergiftet und so ermordet. Die Leichen wurden zu einem großen Teil verbrannt.

Seite 11: Erster Welt-Krieg (1914–1918)
Krieg zwischen Deutschland und Österreich einerseits und Frankreich, England, Russland und den USA andererseits

Seite 11: Sieger-Mächte
Die Gewinner im Ersten Welt-Krieg. Sie verlangten von Deutschland hohe Zahlungen als Ausgleich für ihre Verluste durch den Krieg. Und sie stellten Bedingungen, zum Beispiel durfte Deutschland sich nicht wieder bewaffnen. Viele Deutsche empfanden diese Bedingungen als Schande.

Seite 12: Demokratie
vom Volk frei gewählte Regierung

Seite 13: schockiert
erschrocken, entsetzt

Seite 13: Parlament
Versammlung der Volksvertreter.
Das deutsche Parlament ist der Bundestag.

Seite 14: Arbeits-Dienst
Verpflichtung zu Arbeit für die Gemeinschaft, für eine bestimmte Sache oder Ähnliches

Seite 14: Hitler-Jugend
Jugend-Organisation der Nazis

Seite 17: Notiz
Kurze, aufgeschriebene Information

Seite 17: Herren-Rasse
Bezeichnung für die überlegene Rasse in der Idee der Rassen-Lehre

Seite 19: Drittes Reich
„Drittes Reich" ist eine Bezeichnung für die Nazi-Zeit beziehungsweise für das Deutsche Reich von 1933 bis 1945.

Seite 20: Außen-Seiter
jemand, der nicht zur Gemeinschaft gehört

Seite 21: Football
Beliebter amerikanischer Ballsport.
Football wird vor allem mit der Hand gespielt.

Seite 21: Macht
Das Möglichkeit, zu bestimmen. Man kann Macht über sich selber haben, also selber entscheiden, was man tut. Oder Macht über andere ausüben, das heißt, über die anderen bestimmen.

Seite 21: Disziplin
Disziplin bedeutet: Regeln und Vorschriften einhalten, Ordnung und Kontrolle bewahren, sich beherrschen

Seite 27: Mr
Abkürzung für Mister, englische Anrede: Herr

Seite 27: Premier-Minister
ranghöchster Minister in der britischen Regierung, vergleichbar mit dem deutschen Bundeskanzler

Seite 28: Winston Churchill (1874–1965)
Bedeutender britischer Politiker. Er war von 1940 bis 1945 Premier-Minister von Großbritannien.

Seite 37: Hobby
Freizeit-Beschäftigung

Seite 37: Überzeugung
feste Meinung oder etwas, an das man glaubt

Seite 37: Grundsatz
Regel. Oder auch ein Satz, ein kleiner Text, mit dem man beschreibt, um was es bei einer bestimmten Idee geht.

Seite 40: Schiss
Angst

Seite 42: Mum
englisch für Mama, gesprochen: Mam

Seite 43: manipulieren
Einen Menschen stark beeinflussen und dadurch zum Beispiel zu Handlungen anstiften, die er von sich aus nicht tun würde.

Seite 45: Poster
großes Bild, Plakat

Seite 47: Konkurrenten
Menschen, die miteinander im Wettstreit stehen

Seite 49: Kontrolle
etwas im Griff haben, steuern können, wie eine Sache läuft

Seite 50: Cafeteria
Café mit Selbstbedienung,
hier: Schul-Mensa

Seite 50: Getue
sich auf eine bestimmte Art benehmen, von der man glaubt, dass andere sie gut finden

Seite 55: Schüler-Zeitung
Zeitung, die an einer Schule veröffentlicht wird. Sie wird von den Schülern selbst geschrieben und berichtet über Dinge, die für die Schule wichtig sind.

Seite 55: Mrs
Abkürzung für Mistress,
englische Anrede: Frau

Seite 55: Gehirn-Wäsche
Versuch, einen Menschen in seinem Denken und Fühlen stark zu beeinflussen.
Der Mensch benimmt sich danach anders als vorher, findet andere Dinge gut,
denkt anders über vieles.

Seite 58: Aula
großer Raum für Veranstaltungen in Schulen und Universitäten

Seite 62: Leib-Wächter
Jemand, der eine höher gestellte Person beschützt. Ein Leib-Wächter ist ständig bei demjenigen und passt auf, was im Umfeld passiert.

Seite 63: Redaktion
Mitarbeiter-Team einer Zeitung, aber auch von Radio, Fernsehen oder Internet. Die einzelnen Mitarbeiter heißen Redakteure.

Seite 65: anonym
ohne Namen oder Unterschrift

Seite 68: Spind
Schmaler Schrank. In Amerika haben die Schüler in der Schule eigene Spinde für ihre Bücher oder Sport-Sachen.

Seite 69: Kampf-Hahn
jemand, der sehr wütend auf andere losgeht

Seite 69: Klappe
hier: Mund

Seite 69: Einzel-Gänger
jemand, der sich von anderen Menschen fernhält und lieber allein ist, der nicht bei einer Gruppe mitmacht

Seite 71: Idealist
jemand, der immer an das Gute glaubt

Seite 72: Truppe
Streitkräfte, Armee, militärischer Verband
hier: die Mehrheit der Schüler

Seite 72: Kaserne
Gebäude, in dem Soldaten wohnen

Seite 77: Tribüne
erhöhte Sitzplätze in einem Sport-Stadion

Seite 79: Eindringling
jemand, der sich heimlich Zutritt zu etwas verschafft, ohne wirklich dazuzugehören

Seite 81: Interview
Ein Gespräch aus Fragen und Antworten.
Ein Interview wird oft geführt, um es dann zu veröffentlichen.

Seite 85: Leit-Hammel
Anführer, dem alle anderen blind hinterherlaufen, ohne selber nachzudenken

Seite 86: unterschätzen
die Wichtigkeit von etwas nicht erkennen

Seite 87: Diktator
Allein-Herrscher, der oft seine Gegner unterdrückt. In einer Diktatur gibt es keine freien Wahlen und keine Mitbestimmung. Hitler war ein Diktator.

Seite 88: sich beschwatzen lassen
sich zu etwas überreden lassen, von dem man selber nicht überzeugt ist

Seite 88: auf etwas herumhacken
dauernd etwas an einer Sache auszusetzen haben

Seite 88: stocksauer
wütend, verärgert

Seite 93: Kriminelle
Leute, die eine Straftat oder ein Verbrechen begehen oder begangen haben

Seite 93: Panik
Starke, unkontrollierbare Angst. Panik kann zu unüberlegten Handlungen führen.

Seite 96: Vorwand
vorgeschobener Grund, Ausrede

Seite 101: verplappern
etwas ausplaudern, was geheim bleiben sollte

Seite 112: Film-Projektor
Gerät zum Vorführen von Filmen.

Seite 113: anschwärzen
verpetzen, verraten,
auch: etwas Schlechtes über jemanden erzählen, was vielleicht gar nicht stimmt

Seite 115: Lektion
lehrreiche Erfahrung, Lehre

Seite 119: Punk-Musik
eine Musik-Richtung, die in erster Linie Protest ausdrücken soll

Anne Frank, ihr Leben

Nacherzählung in Einfacher Sprache

Umfang: 104 Seiten

ISBN: 978-3-9813270-2-1

Anne Frank ist das vielleicht berühmteste Mädchen der Welt. Anne Frank war Jüdin. Sie wohnte in Amsterdam, als der Zweite Weltkrieg ausbrach. Sie musste mit ihren Eltern und ihrer Schwester untertauchen.

Über zwei Jahre versteckten sie sich im Betrieb von Annes Vater, im Hinterhaus. In dieser Zeit entstand ihr berühmtes Tagebuch.

Sie schrieb darüber, wie sie lebte, bevor sie untertauchen musste. Und wie ihr Leben im Hinterhaus aussah. Wie es war, zum ersten Mal wirklich verliebt zu sein. Und wie viel Angst sie hatte, entdeckt zu werden.

Anne Frank hat das Tagebuch bis zu ihrem Tod vor den Nazis versteckt. Erst später wurde es gefunden. Es ist ein einzigartiges Dokument aus der Zeit der Judenverfolgung.

Tschick

Kurzfassung in Einfacher Sprache

Nach dem Roman von Wolfgang Herrndorf.

Umfang: 64 Seiten

ISBN: 978-3-944668-03-1

Der Roman erzählt von Freundschaft, Abenteuer, der ersten Liebe und dem Erwachsenwerden.

Die Ausreißer Maik und Tschick fahren mit einem gestohlenen Auto kreuz und quer durch Deutschland. Und das ohne Führerschein, denn beide sind erst 14 Jahre alt. Unterwegs treffen sie sonderbare Leute und erleben unglaubliche Abenteuer.

Die freche, jugendliche Sprache aus dem Original-Buch wurde übernommen. Sie wurde in Einfache Sprache übertragen. Auch ungeübte Leser bekommen dadurch schnell einen Zugang zu der Geschichte.

Über ein Jahr lang stand der Kult-Roman *Tschick* auf den deutschen Bestseller-Listen. Inzwischen gibt es die Geschichte auch als erfolgreichen Kinofilm und sogar als Musical.